हम कौन?

भाग २

ज़िन्दगी और संस्कृति

कलीम उल्लाह कबीर

notionpress.com

INDIA · SINGAPORE · MALAYSIA

ISBN
Paperback 979-8-90479-949-6
Hardcase 979-8-90560-559-8

समर्पण

यह पुस्तक मैं मेरे सभी "पूर्वजों" को और मेरी मातृभूमि "भारत" को समर्पित करता हूँ।

प्रस्तावना

“हम कौन हैं?” ये ज़िन्दगी क्या है? इस संसार की शुरुआत कौन किया और क्यों किया? संस्कृति की उत्पत्ति कहाँ से और कैसे हुई? आज कल इतनी अराजकता क्यों बढ़ते जा रही है? क्या संस्कृति और धर्म एक है ? गैरों की बात छोड़ो आज कल भाई बहन अपने सगे भाई बहन का हक और संपत्ति लुट रहा है? लोग एक दूसरे को नीचा दिखाने का कोई मौका नहीं छोड़ते हैं। परन्तु धर्म और मज़हब के नाम पर सब एक हो जाते हैं! क्या ये सही है? क्या हम सब धार्मिक हैं? क्या सिर्फ नाम और फ़ायदा के लिये अपनी मज़हब का इस्तेमाल करना ठीक बात है? यह बात सच है कि संस्कृति से व्यक्ति और समाज की पहचान बनती है। जानवर और मनुष्य में क्या फर्क रह गया है? इन प्रश्नों का जवाब एक भारतीय मुसलमान के दृष्टिकोण से खोजने की कोशिश की गई है।

“अल्लाह” के अनेक शिफाती नामों में से एक शब्द “खुदा” क़ुरान में मौजूद नहीं है, फिर भी हम सब अल्लाह को “खुदा” नाम से भी पुकारते हैं, जो एक फारसी शब्द है। जरथुस्ट्र पंथ ईश्वर को खुदा के नाम से पुकारते हैं। इस्लाम के अंदर कई संस्कृतियों का प्रभाव है, इसी करण इस्लाम के अंदर कई

संस्कृतियों का मेल दिखाई देती है। इस से यह निष्कर्ष निकाला जा सकता है, कि अल्लाह सिर्फ भाव को समझते हैं, अलग अलग भाषाओं में शब्द अलग अलग होते हैं। कई कारणों से संस्कृति की उत्पत्ति होती है। कई बार दूसरे संस्कृति का प्रभाव से हलकी कंपन भी महसूस होती है। शोध से प्रतीत होता है कि कई कारणों से संस्कृति अर्जित किया जाता है फिर सृजन किया जाता है, और कभी कभी पहले सृजन किया जाता है फिर अर्जित किया जाता है। संस्कृति समाज और व्यक्ति का प्रतिबिंब होता है। लोग ने अपनी स्वार्थी इच्छा को पूरा करने के लिए जान बूझ कर इस्लाम में कई अमानवीय चीजें घुसा डाला है, जिसके चलते मानसिकता में विकृति आ गई है, और आम मुसलमान भटक गये हैं। अनजाने में कहते हैं, कि ये इस्लामी संस्कृति है। पैगंबर साहब विकृत संस्कृतियों को खत्म करने के लिए इस पृथ्वी में आये थे। संस्कृति से ही परम्परा की उत्पत्ति होती है। परन्तु धर्म और संस्कृति बिलकुल अलग अलग है।

इस्लाम की अपनी कोई संस्कृति नहीं है, बल्कि इसमें केवल शिक्षाएँ हैं। वे मूल शिक्षा आदि काल से चली आ रही है। ये कहना गैर ज़िम्मेदार बयान होगा कि इस्लाम की अपनी संस्कृति है । हाँ कुछ मज़हबी शिक्षा, पंथ की शिक्षा, सामुदायिक रूप में संस्कृति को प्रभावित करती है, क्योंकि संस्कृति स्पंदन है । संस्कृति हमारी मात्र-भूमि अर्थात् मादरे वतन से उत्पन होती है । इंडोनेशिया के मुसलमानों का नाम धर्मा, सुसिलो, कृष्णा, देवी, सती, सिटी, पेर्तिवी होता है। ये सब संस्कृत नाम है।

अनादि काल से "भारत" विभिन्न पंथों और संस्कृतियों का देश रहा है। 'वासुधैव कुटुम्बकम" हमारे देश की रूह अर्थात् आत्मा है। अनादि काल से दुनिया के हर कोने से लोग भारत देश में आ कर बसते रहें हैं और आज भी ये सिलसिला जारी है। हम भारत के लोग अपने देश को धरती माँ मानते हैं, ये हमारी संस्कृति है, ये धर्म नहीं है, इसी प्रभाव से बच्चे माँ के पास खींचे चले आँतें हैं।

अल्लाह द्वारा लगभग "१२४००० ईश्वरीय दूत" दुनिया के हर कोने में बुराई को खत्म करने और वही मानवता का मार्ग को स्थापित करने के लिये भेजे गाये थें, जो अनादि काल से चला आ रहा है। कुरान सूरह अश-शूरा (42:13) में अल्लाह ताला ने पैगंबर मोहम्मद साहब को संबोधित करते हुए कहते हैं "उसने तुम्हारे लिए वही धर्म (जीवन व्यवस्था) निर्धारित किया, जिसकी ताकीद उसने नूह को की थी, और वह जिसकी ताकीद उसने इब्राहीम, मूसा और ईसा को की थी। धर्म को कायम करो और इस में विभाजित न हो जाओ"। यहाँ कायम करो का मायना होता है, "जीने का तरीका", सच्चाई और शांति । धर्म को जीना पड़ता है, दिखाना नहीं। मतलब कुरान बताती है कि सभी पैगंबरों का एक ही संदेश रहा है। मुसलमान होने के लिये सभी पैगंबर पर ईमान रखना अनिवार्य है। सभी संस्कृतियों का आदर करना ज़रूरी है। शोध से साफ पता चलता है कि पैगंबर नूह को ही वैवस्वत मनु कहा गया है। फिर नफरत की गुन्जैईस कहाँ बचती है। सभी लोग उन्हीं के वंशज हैं, इस युग में। ये बात कुरान से साबित होती है।

पैगंबर मोहम्मद साहब ने अपने दुश्मन से भी प्यार और सम्मान का उदाहरण दिये हैं। पैगंबर साहब ने कहा "हुब्बुल वतन मिनल अल ईमान" जिस का मतलब होता है "अपने देश से प्यार करना ईमान का हिस्सा है"। "धर्म" के नाम पर आँखों पर पट्टी बांध लेना, कानों में रूई डाल लेना, मुँह सिल लेना, हाथों को बांध कर बैठ जाना, मूर्खता की पहचान है। मोहम्मद साहब ने कहा था कि इल्म हासिल करने के लिये चीन भी जाना पड़े तो जाए। सही इल्म से बढ़ कर कुछ भी नहीं है।

इस पुस्तक के द्वारा मनुष्य को पुनर्जीवित करने की एक छोटी सी कोशिश है, मुसलमानों के अंदर कुरान और पैगंबर मोहम्मद साहब की वास्तविक शिक्षा को वापस लाने की तरफ यह एक छोटा सा प्रयास है। हमें १४०० साल पहले जाने की ज़रूरत है, और कुरान के संदर्भ में संस्कृति, इन्सान और धर्म को समझने की ज़रूरत है। कुरान खुद कह रहा है कि "अल्लाह ने अलग अलग समूह बनाया है" एक दूसरे को जानने के लिये और एक दूसरे से सिखने के लिये। जब कुरान दूसरों के साथ अच्छे व्यवहार करने के लिये कह रहा है, तब हम कौन होते हैं दूसरों से नफरत करने वाले। पैगंबर मोहम्मद साहब के सूरत से नहीं, उनके सीरत से लोग उनके तरफ खींचे चले जाते थें। हमे सोचने और ध्यान देने की ज़रूरत है कि पैगंबर मोहम्मद साहब के नाती हज़रत हुसैन को मारने वाले कौन थे? और बचाने वाले कौन थे? पहले ज़माने में गैर मुस्लिम लोग मुसलमानों पर अपने लोग से ज्यादा विश्वास करते थे। सभी बुज़ुर्ग लोग ने देखा होगा और सुना भी होगा कि गैर मुस्लिम लोग जब तीर्थ यात्राओं में जाते थे, तब वे अपना कीमती सामान कोई मुसलमान के घर में छोड़ कर जाते थें,

क्योंकि उनको भरोसा होता था कि मुसलमान अमानत में खयानत नहीं करते है। ये था उन दिनों में ईमान का तक़ाज़ा। परन्तु आज ऐसा क्या हुआ है कि सभी लोग मुसलमानों से नफरत करते हैं? कुरान में "रेहान" अर्थात् "तुलसी" का ज़िक्र है, जिस का सनातनी लोग रोज़ पूजा करते हैं। परन्तु हमारी मानसिकता इतनी ख़राब हो गई है, कि हम मुसलमान कुरान में ज़िक्र तुलसी की इज्ज़त करना भी भूल गए हैं।

मैं 'अल्लाह' का शुक्रगुजार हूँ, जिन्होंने मुझे विभिन्न परिस्थितियों से गुजारा, दुनिया दिखाया ताकि मैं परिपक्व बन कर समाज के सामने जीवित उदाहरण रख सकूँ। ईमानदारी से प्रयास करने से देश और दुनिया में अमन और सुकून कायम हो सकता है। अज्ञान के अंधकार को ज्ञान के आलोक से ही दूर किया जा सकता है। मैं इस श्रृंखला के भाग ३ में कोशिश करूँगा देखाने का, कि मौजूदा दौर में हम सब क्या कर रहें हैं? और अपने नस्लों को कहाँ ले जा रहें हैं? किस करण अल्लाह मुसलमानों से नाराज़ हैं, उस पर प्रकाश डालने का प्रयास करूँगा। कुरान खुद कहता है कि अल्लाह ने अलग अलग लोग, पंथ, संस्कृतियाँ, जीवन शैली बनाई है ताकी सब एक दूसरे से सिख सके और अच्छी संस्कृति और परंपरा को अपना सके । इस्लाम एक धर्म है, और संस्कृति एक भू-सामाजिक चीज़। संस्कृति में स्पंदन होती है।

इस पुस्तक के लिखने में मुझे कई लोग से प्रोत्साहन मिला, सुझाव मिला, मैं उन सभी लोग का शुक्रगुजार हूँ। वे सभी मेरे स्नेह के विशेष अधिकारी हैं। मैं हिंदी साहित्य से नहीं हूँ, अत: इस पुस्तक की शब्दावली में कुछ गलतियाँ हो, तो उसके लिए मैं आप सभी से क्षमाप्रार्थी हूँ। हो सकता है मेरा ज्ञान सीमित है,

अत: मैं यह कहने की धृष्टता भी नहीं कर सकता कि मेरे विचार अकाटय है। मेरा मुख्य उद्देश्य मानवता चेतना जागृत करना और लोग का ध्यान इस महत्वपूर्ण विषय की ओर आकृष्ट करना है कि "हम कौन हैं"? हम क्या कर रहें हैं? हमारी संस्कृति क्या है? हमारी पहचान हमारी संस्कृति से ही होती है। ये हमारी ज़िन्दगी की अहम् पहलू है। संस्कृति कभी भी स्थिर नहीं रहती। यह तकनीकी प्रगति, वैश्वीकरण और अन्य समूहों के साथ मेल-जोल के ज़रिए समय के साथ लगातार विकसित और अनुकूलित होते रहती है। यह कई स्तरों पर काम करती है—व्यापक राष्ट्रीय या जातीय संस्कृतियों से लेकर स्थानीय समुदायों या कार्य स्थलों में पाई जाने वाली विशिष्ट सूक्ष्म-संस्कृतियों तक।

This book "WHO ARE WE?" Part 2 Zindagi aur sanskriti (life & Culture) written by my Indian friend Mr. Kalim Ullah Kabir, is an engrossing in understanding religion and faith. I honestly congratulate the author for his effort in writing this magnificent book. I along with my friends from Israel, France and Uzbekistan met Kalim Ullah Kabir in the year 2019 during a film festival and understood in the first meeting that he is a multi-talented person. He has a passion to work hard for the cause of humanity. With his versatile knowledge and experiences the author has tried to present religion in a harmonious manner for people to live peacefully. Today at each part of world there are differences of opinions due to which humanity comes under stake. During this typical time the author has dared to bring the facts and unify people. I know the great country India, my friend being an Indian has given a ray of hope for the whole world which needs the spirit of love and peace, which was spread by sawami Vivekanand who pointed out this world as one and all humans are brothers and sisters. I know India gives vibrant energy to live and let other live peacefully. The author has rightly said that religion is only the work of "humanity" to live a peaceful life.

I wish and pray for the immense success of this book. I firmly hope that every person will read this book and get positive vibes to understand each other culture and live peacefully.

I have been to many places across this world but the love and respect what I get from India is worth appreciating.

Quadratullah Tagabi,

Afghanistan.

दीपक चिल्लाता नहीं, उसका प्रकाश परिचय देता है। ठीक वैसा ही "हम कौन हैं?" ये स्वयं इन्सान को कार्य और चरित्र को आकलन करने के लिए प्रेरित करता है। प्रकाश अपने बारे में कुछ बोले बिना अपना परिचय देता है। मेरे मित्र श्री कलीम उल्लाह कबीर, ठीक प्रकाश की तरह अपना परिचय दे रहें हैं, ये व्यक्ति के अंदर कुछ करने का जुनून है। अपनी काबिलीयत के बल पर ख़ामोशी से अपना कार्य करते हैं। मुझे लगता है कि लेखक में इतनी क्षमता है कि ये हर क्षेत्र में कामयाब हो जाते हैं। परन्तु मैंने कभी नहीं सोचा था कि मेरा मित्र एक लेखक भी बन जायेगा, क्योंकि साहित्य से लेखक को कुछ लेना देना नहीं था। इंजीनियरिंग के छेत्र में और management के छेत्र में कलीम उल्लाह कबीर माहिर है, ये मुझे पता था। परन्तु इनके अंदर की छुपी हुई एक समाज सुधारक की छमता, पूर्वज और राष्ट्र के प्रति प्यार इन पुस्तकों से आ रही है। आज मुसलमान लोग परेशान हैं, कि उनके ऊपर जुल्म हो रहा है। लोग चिल्ला रहें हैं अराजकता बढ़ते जा रही है। नफरतें फैल रही है। लोग इसका मूल करण खोजने को छोड़ एक दूसरे पर दोषारोपण कर रहें हैं। किन्तु लेखक ने इस विषय पर गहरी चिंतन और शोध किया। लेखक ने सही शोध किया और पाया है, कि मुसलमानों के अमाल के कारण ऊपर वाला नाराज़ हैं, और ऊपर वाले ने अपनी नज़रें करम मुसलमानों के ऊपर से हटा लिये हैं। मैं बिल्कुल लेखक के बातों से सहमत हूँ। उम्मीद करता हूँ कि लेखक अपने पुस्तकों की श्रृंखला से मानवता का प्रचार प्रसार करते रहेंगे और मैं उम्मीद करता हूँ कि अब लोग अपने आप का आकलन करके सुधार करने की कोशिश करेंगे। सच्चाई को दबाया जा सकता है परन्तु मिटाया नहीं जा सकता।

एक मित्र

Contents

अध्याय - 1

जीवन

ये जीवन क्या है? हम कौन हैं? हम को ज़िन्दगी किस लिए मिली है? ....

क्या हम सब जीवित हैं? अर्थात् क्या हम सब का ज़मीर (आत्मा) जीवित है। हम सब क्या मानव से मनुष्य बन पाए हैं।

हम सब ईश्वर के द्वारा बनाये गये अनगिनत प्राणियों (जीवों) में से एक प्राणी (जीव) हैं।

In English humans are known as social animal. (मानव एक सामाजिक जानवर है।)

जी हाँ, मानव प्रजाति एक प्रकार का जानवर है। फिर मानव प्रजाति दूसरे प्राणियों और जानवरों से अलग कैसे है? मानव प्रजाति की सोचने और सामाजिक विकास करने की इक्षा और छमता, मानव को दूसरे प्राणियों से अलग करती है। यही सोचने और समझने की शक्ति के कारण मानव सकारात्मक काम कर सकते हैं, और जानवर से अलग हो जाते हैं। जिस मानव का कार्य सकारात्मक होती है, उसे ही

इंसान कहा जा सकता है, बाकी सब जानवर के समान ही होते हैं।

जीवन में "ज़िन्दगी" का अर्थ अपने आस - पास के माहौल को कहा जाता है। इस दुनिया में हर एक इंसान अपने ज़िन्दगी में सब कुछ अच्छा चाहता है। हर मनुष्य अपने बच्चे को अच्छे स्कूल में पढ़ाना चाहता है। इस को इस प्रकार से भी कहा जा सकता है कि हर इंसान अपने आस पास अच्छा वातावरण / माहौल चाहता है, तरक्की करना चाहता है। जीवन का उद्देश्य और लक्ष्य इस दुनिया को सभी प्राणियों के रहने के लिए एक उत्तम जगह बनाना है। अर्थात् इन्सान को उपयोगी बनना चाहिए।

अल्लाह ने कुरान के सूरह अल - तीन (95:4) और सूरह अल-इसरा (17:70) में इंसान को "अशरफुल मख्लूक" कहा है, और आदम के औलादों को खास इज्ज़त अता किया है। अल्लाह की बनाई हुई सब प्राणियों में सब से श्रेष्ठ प्राणी मानव है। सच्चा मानव इंसानियत का काम करता है, जिस के चलते मानव से मनुष्य बन जाते हैं। यही इंसानियत वाला कार्य ही ज़िन्दगी का लक्ष्य है, यही सच्चा धर्म है, जो शाश्वत है, प्रारंभ से चला आ रहा है। अलग - अलग भाषा में इस को अलग - अलग नाम से पुकारा जाता है। जीवन में हर एक पंथ या मज़हब का सार इंसानियत का ही है। जो व्यक्ति इंसानियत के विपरीत जाता है उसका ज़मीर मर जाता है, वो इंसान के रूप में हैवान (शैतान) हो जाता है। हर मज़हब सिखाता है, माता पिता से अच्छा व्यवहार करना, उनसे नरमी से बात करना, नैतिक शिक्षा अपनाना जैसे झूठ न बोलना, बेईमानी न करना, ज़ीना न करना, किसी का हक न मारना इत्यादि इत्यादि। धर्म

का सार वही है। हर मज़हब और हर पंथ सिखाता है उपयोगी बनना, उपभोगी तो जानवर होते हैं।

अल्लाह ने सभी प्राणियों को कुछ करने का मौका दिया है यही "जीवन" है। "जीवन" एक शानदार और खुशहाल प्रक्रिया है, जो एक कोशिका (cell) से शुरू हो कर, लाखों करोड़ों कोशिकाओं में विकसित हो जाती है और एक संगठित रूप में अपनी व्यक्तिगत पहचान बनाती है। कोशिकाओं के घटक शरीर के अंदर एक ऊर्जा यानी आत्मा (रूह) होती है। हमारी आत्मा एक ऊर्जा है। ये छोटी ऊर्जा (आत्मा), एक बड़ी ऊर्जा यानी ईश्वर की ऊर्जा से निकल कर आई है। अर्थात् आत्मा एक ईश्वरीय तत्व है। यही छोटा ब्रह्म प्रतीत होता है। कोई भी मनुष्य अपने अंदर की ऊर्जा को जिस रूप में इस्तेमाल करना चाहता है, कर सकता है। ये ईश्वर के द्वारा शक्ति दी गई है। मनुष्य जिस रूप में अपनी ऊर्जा को इस्तेमाल करेगा उसका फल वैसा ही वापस आयेगा। आप से मिलने कोई आए या न आए परन्तु आप का कर्म आप से मिलने आता है।

इसकी शुरुआत संस्कृत भाषा के "ओम" - "अ +ऊ + म" जो एक सर्वोच्च शक्तिशाली ऊर्जा है, उसके द्वारा किया गया। "ओउम" अर्थात् "ओम" का कोई भी प्रारंभ नहीं है। वो सदा से था और सदा रहेगा। "ओम" एक शक्ति है, एक विशाल **ऊर्जा** है। अरबी भाषा में "अल्लाह" एक सर्वोच्च शक्ति है, विशाल ऊर्जा है। उस शक्ति का कोई प्रारंभ नहीं है। "ओम," "अल्लाह," "याहवी" इत्यादि शब्द सदा से थे, और सदा रहेंगे। भाषा के चलते लेखन और उच्चारण में अंतर है। सर्व सम्मानित ऊर्जावान ऊपर वाला यानी **"अल्लाह" भाषा को महत्व नहीं देता है, वो तो प्रजातियों के "भाव" को समझता है**। अन्य

अन्य भाषा में अन्य नाम से उस ऊर्जा को पुकारा जाता है। वो ऊर्जा सर्वोच्च शक्तिमान है, सब को प्रकाशित करता है, जिन्होंने ब्रह्मांड बनाया और एक - एक करके हर चीज़ को व्यवस्थित किया और करवाया। अनेक कोशिकाओं से बने शरीर के अंदर जब तक आत्मा रहती है, तब तक जीवन चमकती रहती है। ऊर्जा रूप आत्मा अद्वितीय है, इसे महसूस तो किया जा सकता है, किन्तु देखा नहीं जा सकता।

इस लोक में प्राणी की मृत्यु के बाद उसकी ऊर्जा यानी "आत्मा" वापस परमात्मा के पास चला जाता है। परमात्मा कौन है? ये कहा जा सकता है, कि परमात्मा केंद्रीय शक्तिमान एक बहुत बड़ी ऊर्जा है, विशाल ऊर्जा है, बहुत विशाल ऊर्जा है। जहाँ अनगिनत अच्छे आत्माओं का मिलन होता है। परमात्मा एक विशाल ऊर्जा है (परम + आत्मा)। जैसे एक "माँ बिरनी" शहद बनाती है, जो शहद का छत्ता घर से बहार नहीं जाती है, परन्तु हर एक बिरनी बगीचा के फूलों से रस लाकर मुख्य माँ बिरनी को देती है। और माँ बिरनी उससे एक मीठा शहद तैयार करती है। जिस को अरबी भाषा में "असल" कहा जाता है, शहद कुरान का सूरह अल - नहल (16:69) में वर्णित है। वैसे ही परमात्मा ऊपर एक जगह बैठा हुआ है। जिसको लोग ऊपरवाला भी बोलते हैं। प्राणी की मृत्यु के बाद आत्मा जब इस लोक से दूसरे लोक में जाती है। तब परलोक में अच्छे आत्मा को अच्छी जगह यानी परमात्मा अपने नजदीक रख लेता है और दुष्ट आत्मा को अपने से दूर कर देता है। जब आत्मा परमात्मा से मिलता है, तो शांति मिलती है, उस शांति को ही "स्वर्ग" कहा जा सकता है। जब बुरी कार्य करने वाले मानव की आत्मा परमात्मा से नहीं मिल पाती है, तब उसको अशांति महसूस होती है और उसको ही "नर्क" कहा जा सकता है।

सभी जीवित कोशिकाएँ अपने आस - पास के पोषक तत्वों का उपयोग करती है। हम कह सकते हैं, "जीवन एक केन्द्रीय शक्ति आत्मा द्वारा संचालित होती है, जो अपने साथ खाने पीने, प्रसंस्करण, उत्सर्जन, सांस लेने, चलने, बढ़ने, प्रजनन और बाहरी उत्तेजनाओं पर प्रतिक्रिया करने जैसे विभिन्न कार्य करती है"। यही "ज़िन्दगी" है अर्थात् आस पास का माहौल।

आत्मा जब तक संगठित कोशिकाओं के अंदर रहती है वो शक्ति (ऊर्जा) का आदान प्रदान करते रहती है। विभिन्न मानव समूहों के बीच, होमो सेपियन्स homo - sapiens तब अस्तित्व में आया जब ईश्वर ने मिट्टी से बने पुतला में "आत्मा" यानी "ऊर्जा" डाली। जब ऊर्जा मिट्टी से बनी शरीर में प्रवेश कर गयी तो अल्लाह की आज्ञा से वह जीवित हो उठा। मिट्टी कोशिकाओं में परिवर्तित हो गया। मनुष्य के जीवन प्रक्रिया के दौरान, घिसी पिटी पुरानी कोशिकाएँ लगातार नई कोशिकाओं से प्रति स्थापित होते रहती है, यह एक सत्त प्रक्रिया है जो पुरे ज़िन्दगी में चलती रहती है, हर प्रजाति के अंदर। जब आत्मा यानी "ऊर्जा" को शरीर से निकाल लिया जाता है, तो कोशिकाएँ अपने आप नष्ट होने लगती है, यानी कोशिकाएँ मर जाती है। शरीर के अंदर आत्मा के प्रवेश और उसकी वापसी के बीच की अवधि को जीवन कहा जाता है। जीवन के विभिन्न चरण इस प्रकार है :-

चरण 1: लोहे महफूज़ में जीवन। (ईश्वर का पास) (ऊर्जावान स्थल) (ऊर्जा घर) (परम + आत्मा, परमात्मा के पास)

चरण 2: माँ के गर्भ में जीवन। (एक माँ के शरीर के अंदर) (ऊर्जा का प्रवेश और विकास)

चरण 3: इस दुनिया में जीवन। (इस लोक में ऊर्जा का आगमन) यानी आत्मा की उत्पत्ति एक शरीर के अन्दर से इस दुनिया में प्रवेश। (निवास स्थान)

(यह दुनिया हमारी अस्थायी घर है (हिंदी में घर को निवास स्थान कहा जाता है)) ("नि+वास" शब्द को एक अस्थायी स्थान के रूप में वर्णित कर सकते हैं, 'नि' का अर्थ "नहीं" होता है, हम कह सकते हैं, यह अस्थायी है, और 'वास' का अर्थ होता है "रहना"।)

चरण 4: मृत्यु के बाद का जीवन। (स्थायी घर) (ऊर्जा जहाँ से आया था, उधर वापस चला जाना)

जीवन में कर्म के हिसाब से उस ऊर्जा को ज़गह मिलेगा, अच्छे कर्मों वालों को सकारात्मक ऊर्जा वाला ज़गह मिलेगा, और बुरे कर्मों वालों को नकारात्मक ऊर्जा वाली ज़गह मिलेगा, जिसे लोग "स्वर्ग" और "नर्क" कहते है। नकारात्मक जगह वाली आत्मा सकारात्मक ज़गह की तलाश में भटकते रहती है और वो बहुत कष्ट में रहती है।

ब्रह्मांड इतनी पुरानी है, कि इसमें अब तक मौजूद 90 प्रतिशत से अधिक प्रजातियाँ आज के समय तक में विलुप्त हो चुकी है। सब प्रजातियों में मानव प्रजाति को सबसे श्रेष्ठ (अशरफुल मख्लुक) बनाया गया है। प्राचीन समय से मनुष्य को गुमराही से बचाने के लिए और मानवता का पालन करने के लिए, इंसानियत कायम करने के लिए अच्छे नियमों की स्थापना की गयी उसे "धर्म" कहा गया। शाश्वत धर्म एक ही है, सदा से चला आ रहा है और सदा के लिये है। वो कार्य मानव कल्याण का है। अलग अलग युगों में अलग अलग परिवेश में उस समय के कुरीतियों को खत्म करने और समाज में सुधार लाने की

प्रक्रिया हुई, जिससे "पंथ" की उत्पत्ति हुई। कई लोग पंथ को भी धर्म मानते हैं। किसी भी "पंथ" या "मज़हब" के नज़रिए से जीवन का अर्थ समझना मानवता के सार को समझना है।

यह बिल्कुल एक विशाल वृक्ष की तरह है, जिसकी जड़ एक बीज से निकलती है, जो जमीन के नीचे होता है, जिसे हम अपनी आँखों से नहीं देख सकते हैं। एक वृक्ष बड़ा होता है और उसके अनेक डाली, टहनी और शाखाएँ उत्पन्न होती हैं। एक ही पेड़ की सभी अलग - अलग डाली टहनी और शाखाएँ किसी भी चीज़ की परवाह किए बिना, एक ही फूल और फल देती है। धर्म एक बड़ा वृक्ष है जिससे अनेक डालियाँ, टहनियाँ और शाखाएँ निकली है, जिस को पंथ और मज़हब कहते हैं। परन्तु हर एक पंथ एक ही फल देती है, वह है प्रेम, शांति, सह - अस्तित्व और सभी मानवीय कार्यों का। ज़िन्दगी में "धर्म" एक है, वट वृक्ष की जड़ की तरह । "पंथ" या "मज़हब" वृक्ष की डाली की तरह है, जो संतुलित जीवन का एक व्यापक तरीका है। "धर्म" मानव में सभ्यता और खुशहाली लाती है। जैसे वृक्ष की जड़े वृक्ष को जीवित रखती है। हम सब देखते हैं कि अगर किसी वृक्ष की डाली को काट दिया जाता है, परन्तु अगर उस वृक्ष का जड़ जीवित रहती है, तब फिर से नई डाली की उत्पत्ति हो जाती है। वैसे ही हम सब इतिहास में देखते हैं कि अनेक अलग अलग पंथों की उत्पत्ति हुई और फिर ख़त्म हो गई परन्तु धर्म का जड़ जीवित है। धर्म जीवित रहने से फिर नई नई पंथ और मज़हब की उत्पत्ति हो जाती है।

सच्ची धार्मिक शिक्षाएँ और सिद्धांत उन सभी प्रकार की समस्याओं का समाधान प्रदान करती है, जो मानव अस्तित्व के लिए खतरा है। विभिन्न पंथों की मूल पवित्र पुस्तकें ब्रह्मांड के

निर्माता द्वारा मनुष्यों को स्वीकृति और सह - अस्तित्व के साथ शांतिपूर्ण जीवन के लिए एक दिशा निर्देश के रूप में भेजी गई है। सब का सार एक है।

दूसरी ओर विज्ञान सच्चे आस्तिक का विश्वास बढ़ाती है। अब विश्व की अलग - अलग जगहों पर अनेक भिन्न - भिन्न जीवाश्मों का प्रमाण ईश्वर की सत्ता की पुष्टि है। यह युग प्रणाली की भी पुष्टि करती है। यह कल्प व्यवस्थाओं की भी पुष्टि करता है। किसी इंसान के लिए यह बहुत गलत है, कि जो सामने मौजूद है, उस को देख कर भी अपनी आँख और कान बंद कर ले। जीवन से ज़िन्दगी बनती है, जिसको माहौल कहा जाता है, जब अच्छा माहौल होगा तब ज़िन्दगी अच्छी होगी और जीवन सफल हो जाएगा।

जीवन एक यात्रा के समान है। यात्रा से ही हम स्वयं को जान सकते है कि हम कौन है? इस से ही हम अपने समाज को पहचान सकते हैं। भ्रमण करते हुए हमें बहुत कुछ दिखाने को और सिखने को मिलता है, जिस से हमें अपने आप को पहचानने का मौका मिलता है। भ्रमण से ही सभ्यता में विकास होती है, जिस से हमारी संस्कृति का सृजन होती है।

इस्लाम में जीवन का उद्देश्य केवल अल्लाह को पहचानना, उसकी इबादत करना और उसके प्रति समर्पण भाव रखना का नहीं है; ईश्वरीय मार्गदर्शन का पालन करते हुए, एक नेक और सदाचारी जीवन जीना, पृथ्वी पर अल्लाह के प्रतिनिधि (खलीफ़ा) के रूप में कार्य करना, और अच्छे कर्मों तथा आज्ञापालन के माध्यम से अपने चरित्र की परीक्षा में उत्तीर्ण होना शामिल है। गलत कार्य से बचना और दूसरों को सही और सच्चा मार्गदर्शन करना है।

मानवता के लिए चेतावनियाँ कुरान मानवता को चेतावनी देती है कि "इस जीवन में अपने कर्मों के लिए उन्हें जवाबदेह होना पड़ेगा":

Quran कुरान (45:26 – 29) कहता है "कहो, 'यह ईश्वर ही है जो तुम्हें जीवन देता है, फिर तुम्हें मृत्यु देता है; और अंत में वह तुम्हें पुनरुत्थान के दिन (क़यामत के दिन) इकट्ठा करेगा—जिसका आना हर संदेह से परे है"—किंतु अधिकांश लोग ये जानते हैं परन्तु इसे नहीं समझते। आकाशों और पृथ्वी का साम्राज्य ईश्वर का ही है। और उस दिन, जब अंतिम घड़ी (क़यामत) आ पहुँचेगी—उस दिन वे सभी लोग जिन्होंने विश्वास करने से इनकार किया था, वास्तव में घाटे में रहेंगे। और तुम देखोगे कि सभी लोग अपने घुटनों के बल झुके हुए होंगे, क्योंकि सभी लोगों को उनके कर्मों का लेखा-जोखा (रेकॉर्ड) देखने के लिए बुलाया जाएगा: 'आज तुम्हें उन सभी कर्मों का प्रतिफल दिया जाएगा, जो तुमने कभी किए थे। यह हमारा लेखा-जोखा है, यह तुम्हारे बारे में पूर्ण सत्य कहता है; क्योंकि तुम जो कुछ भी कर रहे थे, हम उन सभी बातों को अंकित (रेकॉर्ड) कर रहें थे ।'

"अतः जिसने एक अणु के बराबर भी भलाई की होगी, वह उसे देखेगा; और जिसने एक अणु के बराबर भी बुराई की होगी, वह उसे देखेगा।" (कुरान 99:7-8)

लोगों के बीच शांति स्थापित करने का प्रयास करना एक महान कार्य है, जो दान, रोज़े और नमाज़ से भी बढ़कर है। **पैगंबर मोहम्मद ने फ़रमाया: "क्या तुम जानते हो कि दान, रोज़े और नमाज़ से भी बेहतर क्या है? वह है लोगों के बीच शांति और अच्छे संबंध बनाए रखना; क्योंकि झगड़े और मन मुटाव, इंसानियत को तबाह कर देते हैं।"**

कुरान में अल्लाह तआला कहते हैं: "मैंने जिन्न और इंसानों को सिर्फ अपनी इबादत के लिए बनाया है।" (कुरान, 51:56) आयत से यह साफ़ है कि इंसानों और जिन्न को सिर्फ अल्लाह तआला की इबादत के लिए बनाया गया है। जब कोई मुसलमान अल्लाह तआला की इबादत करता है, तो वह असल में उनकी बादशाहत को मानता है, जो वैसा ही है जैसा वे अल्लाह तआला की इबादत के लिए करते थे। इबादत करने का मतलब सिर्फ नमाज़, हज, ज़कात, रोजा ही नहीं है, इबादत का असल मतलब होता है शांति स्थापित करना, दूसरों को मदद करना, अपने कार्यों को ईमानदारी से करना । क्योंकि हर इन्सान के अंदर ब्रह्म तत्व है, जो इन्सान दूसरों को मदद करता है, मतलब उसने अल्लाह तत्व को मदद किया । इस्लाम इतना छोटा नहीं है कि उसको हम सिर्फ पांच चीज़ें में समेट दे, (रोज़ा, नमाज़, ज़कात, हज, कलमा)। इस्लाम और इबादत इन्सान के अंदर 24X7 घंटा अपनाने और निभाने का कार्य है। रास्ता में गिरा हुआ एक लोहे का काँटी को उठा कर फ़ेक देना भी एक इबादत है । झूठ नहीं बोलना, दूसरों का मदद करना, किसी का हक़ नहीं मरना, बुराई से बचना, चुगली नहीं करना, अपने नौकरी को ईमानदारी से करना, घुस नहीं लेना, नाजायज़ काम नहीं करना इत्यादि इत्यादि सभी इबादत है । जीवन में हम सब को 24 X 7 सही सही इबादत करने की तौफ़ीक हो ।

अध्याय - 2

ज़िन्दगी

ज़िन्दगी का असली मतलब है "माहौल"। कुरान सूरह अल - मुल्क (67:3) कहता है, "अल्लाह वह है जिसने सात आसमानों को एक के ऊपर एक बनाया।" जैसे - जैसे दुनिया विकसित हो रही है, वैसे - वैसे खगोल विज्ञान, रसायन विज्ञान, खगोल भौतिकी और आणविक जीव विज्ञान के विज्ञान ने हमारे ज्ञान की सीमाओं को और भी आगे बढ़ा दिया है। नई खोज छंदों का एक खंड है, जहाँ अल्लाह का उल्लेख है कि मानव विकास की प्रक्रिया के दौरान, एक चरण होता है, जब हम गर्भ में होते हैं। ईश्वर ने मनुष्य को जमे हुए खून के थक्के से बनाया। कुरान सूरह अल - अलक (96:2) जमे हुए रक्त के थक्के से सृजित किया। इस शब्द का शाब्दिक अर्थ है, "चिपकने वाली चीज़।" अनुवादकों, टीकाकारों और विद्वानों ने इसे इस प्रकार समझाने का प्रयास किया है कि हम गर्भ में रक्त के थक्के थे। जब हम ब्रह्मांड के निर्माण से संबंधित कुरान की आयतों का अध्ययन करते हैं, तो हम आश्चर्यचकित हो जाते हैं, खासकर उस बात से सहमत होते हैं, जो हमने हाल ही में खोजा है। अल्लाह कुरान में ब्रह्मांड की

शुरुआत की व्याख्या करता है। अल्लाह यह कह कर शुरू करता है कि ब्रह्मांड और ग्रह छह "यौम"(अवधि) में बनाए गए थे, (कुरान सूरह अल-अराफ 7:54)। इसे "YOM" कहा जाता है। "यौम" शब्द का अर्थ है "समय की अवधि"। यौम एक हिब्रू शब्द है जो हिब्रू बाईबिल में है। "यौम" समय की अवधारणा से संबंधित है। यौम केवल एक दिन या दिनों के लिए नहीं है, बल्कि यह सामान्य रूप से एक समय अवधि के लिए है। "यौम" शब्द का प्रयोग आज भी विभिन्न यहूदी पर्वों में भी किया जाता है। यौम किप्पुर एक प्रायश्चित (अनुताप) का दिन है। अकसर हम शब्दों की गहराई में नहीं जाते हैं, और अपने हिसाब से मायना निकल लेते हैं, हमें संकीर्ण मानसिकता से बाहर निकलना पड़ेगा तभी हम सब एक अच्छे इंसान बन सकेंगे फिर हम मुसलमान बन सकते हैं।

यहाँ ध्यान देने की बात यह है कि अल्लाह के लिए एक यौम (अवधि या दिन) हजारों - हजार वर्षों का होता है, या उससे भी अधिक का हो सकता है। आज भी इस पृथ्वी पर उत्तरी ध्रुव और दक्षिणी ध्रुव जैसे कुछ स्थानों पर एक यौम (अवधि या दिन) कुछ महीनों से भी अधिक का होता है। इसी प्रकार सनातन धर्म में ब्रह्मा यानी ईश्वर का एक दिन कई हजारों - हजार वर्षों का भी बताया जाता है। यह कल्प में मिलता है। कुरान सूरह अल-इस्रा (17:110) कहता है, "उनसे कहो (हे पैगंबर!) "उसे अल्लाह कहो या उसे सबसे दयालु (अल -रहमान) कहो: तुम जो भी नाम से पुकारो, उसके सभी नाम बहुत ही अच्छे हैं - सबसे अच्छे और सुंदर नाम उसी का है। अपनी नमाज़ को बहुत ज़ोर से या बहुत धीरे से ना पढ़ें बल्कि उनके बीच एक मध्यम स्वर बनाये रखना चाहिए। तो

हम कुरान के माध्यम से यह निष्कर्ष निकाल सकते हैं कि "ईश्वर," "अल्लाह" इत्यादि नाम पर्यायवाची शब्द है, कोई भी उसे इच्छा और भाषा के अनुरूप किसी भी नाम से पुकार सकता है।

जैसे - जैसे दुनिया में विज्ञान और प्रौद्योगिकी विकास हो रही है, हमें पता चल रहा है कि अंतरिक्ष में मानव जीवन की 5 वर्षों की समय यात्रा पृथ्वी ग्रह पर हजारों वर्षों के बराबर का होता है। तो हम यह निष्कर्ष निकाल सकते हैं, कि ईश्वर ने इस ब्रह्मांड को बनाने के लिए छह यौम और विश्राम के लिए एक यौम लिया। कुरान सूरह फुसिलत (41:9) में ईश्वर कहते हैं, "तुम उस पर अविश्वास कैसे कर सकते हो जिसने पृथ्वी को चरणों में बनाया? और आप दूसरों को उसके बराबर कैसे स्थापित कर सकते हैं? वह समस्त लोकों का स्वामी है।"

ज़िन्दगी जीने के लिए ईश्वर ने केवल एक ही संदेश भेजा है, जिसे हम सब "धर्म" बोलते हैं। यह पैगंबर आदम के समय से चलता आ रहा है। सनातनी लोग जिसे "स्वयम्भुव मनु" कहते हैं। अभी हाल ही के दिनों में एक वनवासी महिला ने शंकर भगवान को कहा कि वे आदिवासी देवता थे। अर्थात् हर एक पंथ, मज़हब, धर्म, पैगंबर आदम को अपना पूर्वज मानते हैं, वही तो है "स्वयम्भुव मनु" वही तो है, शंकर भगवान वही है, सब के पूर्वज। इस्लाम सदियों से मनुष्य के अस्तित्व में विश्वास रखता है, जैसा की सनातन में है और अन्य पंथों में मान्यता है। जब भी मानवता पर ख़तरा आया, तब आवतारित पवित्र व्यक्ति, जिन्हें कई लोग ईश्वर का दूत कहते हैं, उन्हीं शिक्षाओं को स्थापित किये जो संसार में धर्म की स्थापना से शुरू हुई थी। जड़ एक है, वृक्ष की शाखाएँ अनेक है। इस्लाम शब्द 7वीं

शताब्दी ईस्वी में सम्मानित पैगंबर मोहम्मद साहब के माध्यम से अस्तित्व में आया। पैगंबर साहब ने वही संदेश दिया, जो लगभग १२४००० संदेशवाहकों ने दिया था। पैगंबर मोहम्मद साहब ने अरब में फैली कुरीतियाँ को ख़त्म किये थे। परन्तु आज कल धीरे धीरे फिर से बहुत सारी कुरीतियाँ वापस मुसलमानों के बीच आ गई है। संशयवादी प्राणी के रूप में लोग ने सदैव अपने लाभ के लिए पंथ को तोड़- मडोड़ कर पेश किया है, और इस्तेमाल किया है। सभी पंथों के मूल ग्रन्थों का सन्देश शाश्वत है।

सृष्टि की बनावट की प्रक्रिया इस प्रकार है: ब्रह्मांड में सभी पदार्थ एक सघन अवस्था में थी। "ओम" ने अणुओं और गैसों को सभी दिशाओं में बिखरने की आवाज़ दी। विस्फोट से ब्रह्माण्ड का विस्तार हुआ। उन पदार्थों से क्षुद्र ग्रह, ग्रह, तारे और चंद्रमा बने। प्रत्येक अपनी - अपनी कक्षा में यात्रा कर रहा है, ताकि घूर्णन का एक नियमित पथ (पैटर्न) देखा जा सके। (कुरान सूरह अल – अंबिया (21:33) में कहा गया है, वही है जिस ने रात और दिन, और सूर्य और चंद्रमा बनाया । कुरान सूरह अल अन्कबूत (29:61) तारों में रेडियो धर्मी तत्व होते हैं, इसलिए वे प्रकाश और ऊष्मा देते हैं, जो उनके निकट के ग्रहों में गर्मी लाता है। कुरान सूरह अत – तारिक (86:3) छोटे चंद्रमा बड़े ग्रहों की कक्षा में बने और उनके चारों ओर एक नियमित कक्षा बनाने लगे, जो अकसर सूर्य से प्रकाश को प्रतिबिंबित करते थे। कुरान सूरह अल – कमर (54:1-2) अंततः, ग्रहों का विकास हुआ। उनके पास सतह के ऊपर और नीचे दोनों जगह शानदार भूगर्भिक संरचनाएं और हलचलें हैं। कुरान सूरह अन - नमल (27:61) पृथ्वी ग्रह अपनी

बाहरी परतों के पास ठंडा हो गया, जिससे प्लेटों से बनी एक पतली परत बन गई जो हिल गईं और एक - दूसरे से चिपक गईं। कुरान अल – हिज्र (15:19) इसने पृथ्वी की सतह को कभी कभार क्षुद्र ग्रह प्रभावों से होने वाली क्षति को लगातार मिटाने की अनुमति दी। प्लेटों (plates) के टकराने से ऊंचे पहाड़ों का निर्माण हुआ। जमीन और पानी से निकलने वाली गैसों, सूरज की रोशनी में गर्म होकर, अंततः एक उच्च ऊंचाई तक पहुंच गईं, जहाँ उन्होंने एक सुरक्षात्मक परत बनाई। यह ओजोन परत सूर्य से आने वाले हानिकारक विकिरण और पराबैंगनी किरणों से बचाता है। कुछ समय बाद जीवन कोशिका के रूप में प्रकट हुआ।

वेदों में वर्णन है कि सूर्य के चारों ओर विशाल गैस का भंडार है। यह बात ऋग्वेद 1.164.43 में उल्लेखित है "शाकमर्य धूमम आराद अपश्यम विशुवता पर एनावरेण"। यानी सूर्य के चारों ओर दूर दूर तक शक्तिशाली गैस है। अथर्ववेद 3.7 में मिलता है, सूर्य चंद्रमा को प्रकाशित करता है।

यह आश्चर्यजनक है कि वैज्ञानिक आख्यान लगभग वही बोलता है, जो कुरान कहता है। उसने हमें सिखने और उस पर विश्वास करने के लिए इन बातों का उल्लेख किया। कुरान स्पष्ट रूप से कहता है कि अल्लाह ने सभी मनुष्यों को बुद्धिमान और आत्म - जागरूक बनाया है, ताकि हम अपने आस-पास की दुनिया के आश्चर्यों की खोज कर सकें।

हम सब ने देखा है, FIFA 2022 फुटबॉल वर्ल्ड कप के उद्घाटन के वक्त मशहूर अभिनेता मॉर्गन फ्रीमैन ने कहा आज दुनिया के अंदर लोग और समाज एक दूसरे से अलग

अलग है, और दूरियाँ बढ़ते जा रही है। कैसे इतना सारा अलग अलग देश, भाषा, लोग, कबीला और कुम्बा इस दुनिया में है, अगर सिर्फ एक ही रास्ता सही है। मॉर्गन फ्रीमैन के सवाल का जवाब क़तर के एक खास काबिल (handicap) व्यक्ति घानिम अल मुफतह ने कुरान का सूरह अल हुजुरात (49:13) को पढ़ कर सुनाया और ज़िक्र किया, जिस में अनेकता में एकता के बारे में ज़िर्क है। सूरह अल हुजुरात कहता है "अल्लाह ने मनुष्य को एक ही आदमी और एक औरत से बनाया है, और फिर इंसान को कौमों और कबीलों में बांटा ताकि इंसान सब एक दूसरे को पहचान सके, जान सके और एक दूसरे से सिख सके।"

संक्षेप में, अल्लाह ने हमें यह जाँचने का मिशन दिया कि उसने क्या क्या बनाया? लेकिन लोग कुरान को पूरी तरह समझे बिना दूसरों के बहकावे में अभी भी अपनी आँखें और मुंह बंद रखना पसंद करते हैं।

पहले कई कारणों से कुछ ऐसा परिस्थितियाँ बनी जिस का परिणाम स्वरूप वर्तमान समय में मुसलमानों को कुएं के अंदर मेंढक की तरह बन कर रह गाये हैं। आज वे कुएं के अंदर से आकाश के छोटे हिस्से को ही देख पा रहें हैं। लेकिन आसमान के अलावा भी इस दुनिया में कई ऐसी चीजें मौजूद है, जो कुएं से बाहर आने पर ही देखी जा सकती है। इसलिए मदरसा शिक्षा में कुछ सुधार लाने की जरूरत है। ये देखना चाहिए कि कुरान कितनी खूबसूरती से सब कुछ समझाता है। कुरान इंसान को कहता है पढ़ने के लिये। कुरान का पहला शब्द जो इस दुनिया में आया है वो है "इकरा," जिसका मतलब है "पढ़",

अपने रब के नाम से पढ़ ताकि हम पढ़ कर समझदार बन सकें और समझ सकें सही क्या है? और गलत क्या है?

आज समकालीन शिक्षा से पृथ्वी के अतीत के बारे में हमारा ज्ञान बढ़ रहा है। कुछ आश्चर्यजनक परिणाम सामने आ रहे हैं। आज, वैज्ञानिक हमें बताते हैं, कि समुद्र में जीवन तब शुरू हुआ जब सरल अणु आपस में जुड़ गए और स्व-उत्पादक बन गए। इन एक - कोशिकीय जीवों को हम शैवाल के नाम से जानते हैं। वे प्रकाश संश्लेषण की प्रक्रिया में सूर्य से अपनी ऊर्जा प्राप्त करते हैं, और उनकी गतिविधि के परिणामस्वरूप, हवा में नई गैसों बनती हैं, जो जीवन के अधिक जटिल रूपों के लिए व्यवहार्य वातावरण बनाती हैं।

"अल्लाह" ने पानी से सारा जीवन बनाया और पृथ्वी पर एक सुरक्षात्मक छत्र खड़ा किया। वैज्ञानिक हमें आगे बताते हैं, कि लाखों वर्षों में, पहले जीव धीरे-धीरे कई अलग - अलग प्रकारों और आकारों में विकसित हुए, जिसके परिणामस्वरूप पौधे, प्लवक, आर्थ्रोपोड और साधारण मछलियाँ पैदा हुईं। इसके बाद डायनासोर, उच्चतर जीव और स्तनधारी आए। दरअसल अल्लाह की रचना बहुत विशाल है और हमारी समझ से परे है। जितना अधिक हम खोजेंगे और सीखेंगे, उतना ही अधिक अल्लाह पर विश्वास बढ़ेगा। अल्लाह ने कहा: "देखो! अंतरिक्ष और पृथ्वी के निर्माण में और रात को दिन में बदलने में वास्तव में समझदार लोग के लिए संकेत है। जो लोग खड़े, बैठे और लेटे हुए अल्लाह को याद करते हैं और अंतरिक्ष और पृथ्वी में रचना के (आश्चर्य) पर विचार करते हैं। (वे घोषणा करते हैं,) "हमारे ईश्वर! आपने यह सब कुछ यूँ ही नहीं बनाया।

अतः हमें आग की यातना से बचा लो।" (कुरान 3:190-191)। विज्ञान से हमारा विश्वास बढ़ाना चाहिए। अल्लाह हमें पृथ्वी पर यात्रा करने और जो हम देखते हैं, उससे सीखने का आदेश देते हैं। इसीलिए पैगंबर मोहम्मद साहब ने सीखने, ज्ञान प्राप्त करने और बुद्धिमान बनने का उपदेश दिया। कुरान को समझे वाला मुसलमान ही धर्म और पंथ को समझ सकता है, प्रेम और शांति स्थापित कर सकता है।

अल्लाह कुरान सूरह अल – इंसान (76:1) में कहता है, "मनुष्य पर काल-खंड का ऐसा समय भी बीता है कि वह कोई ऐसी चीज न था, जिसका उल्लेख किया जाता? "भूगर्भिक समय सारणी से हम यह भी जानते हैं, कि हमारे यहाँ आने से पहले पृथ्वी कई युगों से गुज़री थी। और कुरान की आयत में जो अल्लाह के इस प्रमाण का उल्लेख करता है, हमें जीवन रूपों की उनके पर्यावरण के अनुकूल अनुकूलन के बारे में एक बहुत मजबूत सुराग दिया गया है। अल्लाह ने कहा, क्या तुमने नहीं देखा कि अल्लाह आसमान से बारिश बरसाता है? इसके साथ विभिन्न रंगों के पौधे पैदा करते हैं, पहाड़ रंगीन परतें, विभिन्न रंगों के सफेद और लाल और कुछ काले रंग के होते हैं। अल्लाह के बंदे (अनुयायी) जो ज्ञान रखते हैं, वास्तव में उससे डरते हैं, अल्लाह सर्वशक्तिमान और क्षमाशील है। कुरान सूरह फातिर (35:27-28). अल्लाह खुद को सभी दुनिया का मालिक घोषित करता है: रब्ब उल अलामीन। क्योंकि हम पुरातत्वविदों (जीवाश्म शिकारी) और अन्य वैज्ञानिकों द्वारा हमारे सामने प्रस्तुत साक्ष्यों को अस्वीकार नहीं करते हैं। हालाँकि, हमने अल्लाह की किताब में पढ़ा है कि उसने ऐसा करवाया और इसका अध्ययन करके हम उस पर

अपना विश्वास बढ़ाते हैं। "अंतरिक्ष और पृथ्वी पर नियंत्रण अल्लाह का है और अल्लाह को सभी चीज़ों पर अधिकार है।" कुरान सूरह आले इमरान (3:189)। हमारी स्थिति मध्य की है, भले ही अल्लाह ने कहा कि हम मध्य समुदाय बनने के लिए बनाए गए हैं: कभी भी चरम सीमा पर नहीं जाएंगे। कुरान सूरह अल बकरह (2:143)। अल्लाह ने कहा, "उसने तुम्हारे लिए सवारी करने और दिखाने के लिए घोड़े और खच्चर बनाए हैं; और उसने अन्य (प्राणी) बनाए हैं जिन्हें तुम नहीं जानते।" कुरान सूरह अन नहल (16:8)। "अल्लाह ने हर प्राणी को पानी से बनाया। उनमें से कुछ पेट के बल रेंगते हैं, कुछ दो पैरों पर चलते हैं और कुछ चार पैरों पर चलते हैं। हमने निशानियाँ भेजी हैं जो चीज़ों को स्पष्ट कर देती हैं और अल्लाह जिसे चाहता है सीधा रास्ता दिखा देता है।" कुरान सूरह अन नूर (24:45- 46) अल्लाह के अलावा और कौन इतना जटिल और रहस्यमय ब्रह्मांड बना सकता था?

आजकल लोग विशेष कर मुसलमान पथभ्रष्ट होते जा रहें हैं, क्योंकि हम सभी कुरान के शब्दों का सही अर्थ नहीं समझ पा रहें हैं। कुछ दैफ और गलत हदिशों के करण हमारी सोचने की क्षमता सीमित कर दी गई है । सृष्टि का निर्माण से ही सभी पुरुषों और महिलाओं के लिए सृष्टि का उद्देश्य एक ही रहा है: एक सर्वोच्च ईश्वर को जानना मानना और उसकी आराधना करना। धर्म अमीर और गरीब दोनों के लिए समान है। **धर्म का उद्देश्य दर्शन शास्त्र पर बहस करना नहीं है, बल्कि मानव को सही मार्ग दर्शन देना है,** और मानव को इंसान बनाना है। सभी धर्मों, पंथों और संप्रदायों में कोई गुप्त ज्ञान नहीं है। सभी उपदेश देते हैं कि जीवन एक आशीर्वाद है। इस

जीवन में आपको जो कुछ भी मिलता है, वह ईश्वर का आशीर्वाद ही है। अच्छे कर्म का आशीर्वाद अच्छा मिलता है और बुरे कर्म का आशीर्वाद बुरा मिलता है। परन्तु सभी को मिलता है, कर्म लौट कर आता है । आपको उन सभी चीज़ों के लिए आभारी होना चाहिए जो आपके पास है, और उन चीज़ों के लिए भी जो आपके पास नहीं है। क्योंकि आपका हित इसी में है, आपको अपने प्रत्येक निर्णय में ईश्वर के प्रति सचेत रहना चाहिए, ताकि आप ईश्वर से विमुख न हो। मनुष्य ईश्वर को धन्यवाद देते हुए और दूसरों की मदद करते हुए जीवन का आनंद ले।

अल्लाह ने जीवन और यह संसार हमें एक उपहार के रूप में दिया है। मनुष्य सौहार्दपूर्ण ढंग से करुणा, प्रेम और शांति के साथ सांसारिक जीवन का आनंद उठाए। हालाँकि आनंद की चाह में इंसान कभी कभी हद से बहार निकल जाते हैं और हम सौहार्द और सामाजिक जीवन को बिगाड़ने की कोशिश करते हैं। जीवन का उद्देश्य मनुष्यों का शांतिपूर्ण सह-अस्तित्व है ताकि वे सामूहिक रूप से पृथ्वी को रहने के लिए एक बेहतर जगह बना सके। सभी धर्म और पंथ जीवन को संतुलित करने के लिए सर्वोत्तम तरीकों में से कुछ तरीका प्रस्तुत करते हैं। धर्म और पंथ जीवन का सर्वोत्तम तरीका इस दुनिया में मानव जाति के लिए समृद्धि, शांति और खुशी की गारंटी देता है। अर्थात् मोक्ष, शाश्वत आनंदमय जीवन और दिव्य सुख और परलोक में अनंत दया। सभी, धर्मों पंथों और सम्प्रदायों के अनुसार स्वर्ग ही प्रत्येक मनुष्य का लक्ष्य है। **जीवन का उद्देश्य अपने आप को स्वर्ग के लिए योग्य उम्मीदवार बनाना है**। ताकि आत्मा परमात्मा से मिल सके और आनंदमय हो जाये।

आज विशेषकर भारतीय उप महाद्वीप में मुसलमानों ने इस्लाम के वास्तविक अर्थ और जीवन के उद्देश्य को बदल दिया है। कारण बहुत सारे है। मुख्य कारण हम मुसलमानों का ज़िन्दगी, मतलब हम सब के माहौल का है, हमारे समाज के अंदर ही इस्लाम के उपदेशों को तोड़ - मरोड़ कर अपने फैदा के लिये इस्तेमाल करना, जो इस्लाम के विरोध काम करना बन गया है। हम सब के आमाल से अल्लाह नाराज़ हो गए हैं। बहुत सारे मानव इस अस्थायी दुनिया में हर चीज़ से सिर्फ लाभ प्राप्त करने के लिए ही जी रहें हैं। उन्हें अल्लाह और कुरान की बिल्कुल भी परवाह नहीं है। पैगंबर साहब ने उपयोगी बनने का तरीका सिखाया परन्तु भारत में आज हम सब मुसलमान उपभोगी बन कर रह गये है। हर जगह कलेश ही कलेश है। गैर तो दूर की बात है आज मुसलमान अपने सगे भाई और बहन से ईर्षा करता है उनका हक़ और जायदाद लुट लेता है। हम सब मुसलमान जीवन के मुख्य उद्देश्य से भटक गए हैं। इसीलिए अल्लाह ने अपनी रहमत हम सब के ऊपर से उठा लिया है।

इस्लाम के अनुसार जीवन के दो अलग - अलग चरण हैं;

जीवन का पहला चरण अस्थायी है। इसका उद्देश्य सभी मनुष्यों को यह प्रदर्शित करने का समान अवसर प्रदान करना है कि वह व्यक्तिगत उत्कृष्टता की खोज में कितना अच्छा हो सकता है, और मानवता के लिए कितना योगदान देता है। वह कार्य जो अपने समाज की भलाई के लिए किया जा सके। यहाँ एक बात ध्यान देने वाली है कि समाज वह स्थान है जहाँ कोई रहता है। वर्तमान संदर्भ में वह मोहल्ला, जिला, राज्य और देश है, जहाँ वह रहता है। यही हमारा समाज है। हम सब भारतीय

हैं, इसीलिए पैगंबर मोहम्मद सल्लल्लाहु अलैहि वसल्लम ने "हुब्बल वतन मिनल ईमान" का उल्लेख किया है। अर्थात् वतन से प्यार करना ईमान का हिस्सा है।

जीवन का दूसरा चरण शाश्वत है, जहाँ अच्छा प्रदर्शन करने वाले लोग हमेशा के लिए ईश्वर के सभी सुखों का आनंद अर्थात् शांति लेंगे, वे स्वर्ग में जायेंगे। दूसरे लोग जो प्रभु द्वारा दी गई स्वतंत्रता का दुरुपयोग करने के कारण ईश्वर से दूर हो जायेगा जिस को नरक बोला जाता है।

इस संसार और मानव जाति का निर्माण के पीछे एक लक्ष्य है। कुरान सूरह आल - ए - इमरान (3:189 - 191) में कहता है "और आसमान व ज़मीन सब ईश्वर का है और खुदा ही हर चीज पर कादिर है। इस में कोई शक ही नहीं कि आसमानों और ज़मीन की पैदैईश और रात दिन के फेर बदल में अक्लमन्दों के लिए बहुत से निशानियाँ है। आपने यह सब लक्ष्यहीन रूप से नहीं बनाया है; आपकी जय हो; आग की यातना से हमारी रक्षा करो..."। तो, पवित्र कुरान की उपरोक्त आयत से हमें पता चला कि अल्लाह ने इंसानों को अपनी इबादत और सभी मानवीय कार्यों के साथ स्वस्थ जीवन जीने के लिए बनाया है। पैगंबर मोहम्मद साहब के अनुसार इबादत के मतलब सिर्फ नमाज़ और पूजा पाठ नहीं है। इबादत अल्लाह के तरह विशाल है। इसमें मानवता का सारा काम समाहित है। कोई भी पंथ, मज़हब इतना छोटा नहीं हो सकता है कि वो आदेश दे कि तुम सिर्फ पूजा पाट या नमाज़ करते रहो।

हमें हमेशा अल्लाह को याद रखना चाहिए क्योंकि वही वह है जिसने दिन और रात, आकाश और पृथ्वी और अन्य

सभी चीजें जो हम इस ब्रह्मांड में देखते हैं, बनाईं है। यहाँ एक दिलचस्प और खास बात आती है जो ध्यान देने योग्य है, कि इस दुनिया में एक पिता के कारण एक माँ एक बच्चे को जन्म देती है। दोनों बच्चे को बहुत प्यार करते हैं, देखभाल करते हैं और बच्चे को पूरी आज़ादी और सब कुछ देते हैं। माता - पिता अपनी सारी संपत्ति और खुशियाँ बच्चे पर बरसाते हैं। माता और पिता अपने बच्चे की खुशी के लिए सभी काम करते हैं। बच्चे को बढ़ते हुए देखकर खुश महसूस करते हैं। बाद में जब बच्चा बड़ा होकर वयस्क हो जाता है और यदि बच्चा एक सम्मानित इंसान बन जाता है, तो माता और पिता दोनों अपने बच्चे से खुश और संतुष्ट महसूस करते हैं। लेकिन यदि बच्चा, माता - पिता द्वारा दी गई आजादी और सुख-सुविधाओं का दुरुपयोग करता है और एक अपमानजनक इंसान बन जाता है, तो माता-पिता को बुरा लगता है। माता पिता को कष्ट होता है। कभी-कभी अगर बच्चा अपनी सीमा से बाहर चला जाए तो माता - पिता को पीड़ा होता है और फिर वे अपने ही बच्चे को कोसते भी हैं। इसी प्रकार परमेश्वर सभी मनुष्यों के साथ करता है। तो इस प्रकार से हम सब कह सकते हैं कि उक्त व्यक्ति पर निर्भर करता है कि वो अपने माता - पिता को खुश रखना चाहता है या दुख देना चाहता है। अल्लाह माता - पिता से बढ़कर है। तो ईश्वर की बात मानना हर इंसान पर फ़र्ज़ है। इसीलिए मैंने गहराई से विचार और शोध किया और पाया है कि अल्लाह शब्द दो शब्दों से मिलकर बना है। यह अल + इल्लाह से मिलकर बना है। अल्लाह शब्द हिब्रू भाषा का "एलोह", अरमिक के "एलाह" कनानिएत के "ईल" शब्द से आया है। अरबी में "अल" का अर्थ कोई खास होता है अंग्रेजी

में "द" (the) से सम्बोधन है और साथ ही साथ "अल" को एक पुरुष ऊर्जा भी माना जाता है, और "इल्लाह" अंग्रेजी में diety सर्वोच्च निर्माता की स्त्री ऊर्जा है। सभी चीजें अल्लाह द्वारा बनाई गई है, जिन्हें हम अलग - अलग भाषाओं में अलग-अलग नामों से पुकारते हैं।

यहाँ एक और महत्वपूर्ण बात बतानी जरूरी है कि इस्लाम में हम कहते हैं, कि माँ के पैरों के नीचे स्वर्ग है और पिता के पैरो के नीचे स्वर्ग का दरवाजा है। अतः स्वर्ग से प्रेम करना सभी मनुष्यों का अधिकार है। इसीलिए सनातन धर्म में लोग सबसे पहले माता-पिता के पैर छूते हैं। यहाँ तक कि अपने से बड़ों का आशीर्वाद लेने के लिए भी उनके पैर छुते हैं, जिन्हें लोग माता - पिता के बराबर मानते हैं और सम्मान देते हैं, उनके भी पैर छूते हैं। बड़ों के पैर छूना एक उपासना है, इज़्ज़त देना है, इसका पूजा करने से कोई संबंध नहीं है। यह बड़ों का और स्वर्ग का आदर और सम्मान है। स्वर्ग से आशीर्वाद लेना सभी मनुष्यों का कर्तव्य है। हर चीज़ में कर्तव्य पहले आता है और उसके बाद अधिकार आता है। किसी को सम्मान करना और पूजा करना में बहुत बड़ा फर्क है। कुछ लोग सोचते है कि पैर छुना पूजा है वो गलत है। ये सिर्फ सम्मान देना इज्ज़त देना है। इतिहास में शोध करेंगे तो पायेंगे कि कुछ लोग ने अपने आप को श्रेष्ठ दिखाने और बताने के लिये मुसलमानों के ज़िन्दगी (माहौल) में संकीर्ण मानसिकता (narrow mind set) ज़बरन दाला गया है और ये परंपरा बन गई जो की बिलकुल गलत है।

सही तरीके से झुक कर पैर छूने के कई वैज्ञानिक फायदे होते हैं। माता - पिता के पैर छूने की सही मुद्रा घुटनों को मोड़े

बिना पूरी तरह पैर सीधा कर के झुकना है। आशीर्वाद के लिए बड़ों के पैर छूने की सही मुद्रा में मस्तिष्क हृदय के नीचे आ जाता है, इस मुद्रा में व्यक्ति के हृदय और मस्तिष्क के अंदर रक्त संचार बेहतर होता है। ये सभी गतिविधियाँ स्वस्थ जीवन प्रदान करती हैं। इसलिए सभी धर्मों और पंथों में सच्चे अनुष्ठानों का मानव स्वस्थ पर सकारात्मक प्रभाव पड़ता है। एक और महत्वपूर्ण बात ये है कि बड़ों के सामने झुकने से, आशीर्वाद लेने से, इंसान के अंदर जो अहम् की भावना होता है वो खत्म होता है। पैर कर आशीर्वाद लेने से इंसान के अंदर का अहंकार खत्म होता है। मनुष्य जब अहंकार से दूर होता है तो वो "धर्म" के नजदीक होता है। यही बात कुरान कहता है सूरह लुकमान (31:18) में "घमंड के साथ लोग से अपना मुँह न फेर और धरती में अकड़ कर न चल। निःसंदेह अल्लाह किसी अकड़ने वाले, गर्व करने वाले से प्रेम नहीं करता"।

यह जीवन परलोक में 'अनन्त घर' की तैयारी के लिए है। इसलिए, मनुष्यों को अपने दैनिक जीवन में शुद्ध धार्मिक शिक्षाओं के आधार पर धार्मिकता का पालन करना आवश्यक है। कुरान की आयतों के अनुसार जीवन का उद्देश्य: कुरान में; यह स्पष्ट है कि जब अल्लाह सर्वशक्तिमान ने सभी मनुष्यों की आत्माओं को बनाया, तो सबसे पहले उसने जो काम किया वह पूरी मानव जाति से शपथ लेना था, जिसमें उन्होंने उसके प्रभुत्व की गवाही दी थी। यह शपथ इस तथ्य को दर्शाती है कि सभी मनुष्यों को इस तथ्य से अवगत कराया गया कि अल्लाह उनका मालिक है और उन्हें इसे याद रखने और मानवता के कानून का पालन करना अर्थात् धर्म का पालन करने की आवश्यकता जीवन में है। अल्लाह कहता है कि जीवन के

अस्थायी आनंद के चक्कर में नहीं पड़ना चाहिए। "जान लो कि इस दुनिया में जीवन मनोरंजन और सजावट और एक दूसरे के लिए डींगे हांकना और धन और बच्चों की वृद्धि में प्रतिस्पर्धा है - बारिश के उदाहरण की तरह जिसके परिणामस्वरूप पौधों की वृद्धि से जोतने वालो को खुशी होती है; फिर यह सूख जाता है और आप देखते हैं कि यह पीला हो जाता है; तब यह बिखरा हुआ मलबा बन जाता है। सांसारिक जीवन मोह - माया के भोग के अतिरिक्त क्या है?"

सभी मज़हब, पंथों में यह जीवन एक परीक्षा के रूप में है। जीवन का उद्देश्य ज़िन्दगी की परीक्षा उत्तीर्ण करना है। विभिन्न विचारधाराओं के लोग हमेशा स्वयं से जीवन के उद्देश्य के बारे में पूछते हैं। कुछ लोग मानते हैं कि जीवन का उद्देश्य धन अर्जित करना है, लेकिन यदि जीवन का उद्देश्य धनवान बनना है, तो धनवान बनने के बाद कोई उद्देश्य नहीं रहेगा। इस्लाम और अन्य सभी पंथ और धर्म जायज़ धन को स्वीकार करते हैं और नाजायज़ धन को अस्वीकार करते हैं। जीवन में इस्लाम और अन्य सभी पंथ और धर्म सिर्फ उपभोक्ता बनने से इनकार करता है बल्कि उपयोगी अर्थात् योगदान कर्ता बनने को बढ़ावा देता है। लेकिन इन दिनों इस्लाम और अन्य सभी पंथों और धर्मों की सच्ची भावना को दबा दिया गया है। आजकल ऐसा प्रतीत होता है कि इस्लाम और अन्य पंथ केवल किताबों में सिमटकर रह गए हैं। इस्लाम मनुष्यों के जीवन और निर्माण के मुख्य उद्देश्य के रूप में सभी रूपों में कल्याण को बढ़ावा देता है और मानता है कि अल्लाह की इबादत करना जीवन का मुख्य उद्देश्य है जैसा कि अल्लाह ने कुरान में जोर दिया है: और मैंने जिन्न और इंसानों को अपनी इबादत के लिए बनाया। (कुरान 51:56)।

यहाँ ध्यान देना चाहिए "इबादत का अर्थ सिर्फ नमाज़ और कुरान पढ़ना नहीं होता बल्कि इबादत का अर्थ मानवता का काम होता है। "इबादत" एक बहुत ही बड़ा विशालकाय महत्वपूर्ण शब्द है, जिस का अर्थ कुछ कार्यों में सिमित नहीं किया जा सकता। इबादत जीवन के हर पल में है। हम सब जो भी कार्य करते हैं और उस कार्य से मानवता और इंसानियत स्थापित होती है वो सब इबादत है। हम सब किसी से बात करते हैं और अगर दूसरे व्यक्ति को खुसी हो रही हो परन्तु किसी को तकलीफ न हो तो ये भी एक इबादत है। मोहम्मद साहब ने कहा था "अगर तुम्हारा पड़ोसी भूखा सो जाये और तुम खुद पेट भर कर खाना खाओ तो तुम सच्चे विश्वासी नहीं हो सकते। सच्चे विश्वासी का अर्थ अल्लाह पर यकीन रख कर मानवता का काम करना है। इस को इस रूप में भी समझा जा सकता है कि तुम्हारा खाना मुकरु हो जाता है, अगर तुम्हारा पड़ोसी खाली पेट सो रहा है। पैगंबर साहब ने सिर्फ मुसलमानों के बारे में नहीं कहा था। पड़ोसी कोई भी हो सकता है, कोई भी धर्म या कोई भी पंथ का हो सकता है। जब हम मुसलमान हैं, तो हम सब पैगंबर साहब की बातों को क्यों नहीं मानते हैं? दूसरे मज़हब या पंथ से मुहब्बत क्यों नहीं करते हैं? आज सगे भाई बहन ही आपस में एक दूसरे का हिस्सा हक़ लुटने लगता है। खाना देना तो दूर की बात है, पीने का पानी तक बंद कर देता है। ये मैंने अपने साथ होते देखा है, कि दौलत के लालच में मुसलमान अपने सगे भाई बहन का पीने का पानी बंद कर देता है। क्या हम सब ज़िन्दगी का उद्देश्यों को पूरा कर रहें हैं। पैगंबर मोहम्मद साहब ने कभी भी नफरत नहीं सिखाया। हम सब मुसलमान, खासकर भारतीय मुसलमान ही इस्लाम को बदनाम कर रहें हैं।

ज़िन्दगी में सारा बुराई हम करेंगे और कहेंगे कि हम अल्लाह वाले हैं और पैगंबर मोहम्मद साहब के उम्मती है इस लिये हम मुसलमान ज़न्नती हैं। गलत काम करते हुए मर जायेंगे तो कहेंगे ज़न्नत मिलेगी और 72 हूरें मिलेगी, ये विकृत मानसिकता से बाहर निकलना होगा हम सब मुसलमानों को।

अल्लाह कहता है "हमने आसमानों और ज़मीन और जो कुछ उनके बीच है, उसे महज़ खेल के लिए नहीं बनाया" । (कुरान सूरह अल-अंबीया 21:16)

यह बहुत ही सरल परीक्षण है। यदि हम इस आदेश का पालन करेंगे तो हमें पुरस्कार मिलेगा। "और हमने आसमानों और ज़मीन को और जो कुछ उनके बीच है, महज़ खेल के लिए नहीं पैदा किया। हमने उन्हें मकसद के लिये पैदा किया, लेकिन अधिकतर नहीं जानते" । (कुरान सूरह अद-दुखन 44:38)

वह इनाम का समय होगा जब हम आराम कर सकेंगे और आनंद ले सकेंगे। जहाँ तक इस दुनिया में समय की बात है, हम बस अपनी मंजिल की ओर जाने वाले यात्री हैं।

"वास्तव में, इस दुनिया का जीवन एक (शीघ्र गुजर जाने वाले) आनंद के अलावा और कुछ नहीं है, और वास्तव में, परलोक वह घर है जो हमेशा रहेगा।" (कुरान सुरह घफिर 40:39)

उपरोक्त श्लोकों का अर्थ संश्लेषण: जीवन एक परीक्षा है यह दिखाने के लिए कि हमारे कार्य क्या हैं? यदि हम उस तरीके का पालन करना चुनते हैं, जो अल्लाह ने जीने के लिए

सिखाया है। इबादत (इस्लाम में इबादत का अर्थ है, मानवता का कार्य जिस से इंसान को फैदा होता हो और इंसानियत कायम हो), तो हमने जीवन का उद्देश्य पूरा कर लिया है। इस्लाम निश्चित रूप से जीवन जीने का एक सही तरीका है। यह हमारा मार्गदर्शन करता है, कि सबसे सही क्या है? उदाहरण के लिए, इस्लाम में विश्वासियों (यानी वे लोग जो अल्लाह को मानते हैं) को सूअर का माँस खाने से मना करता है। वैज्ञानिक अध्ययन के अनुसार सूअर का माँस खाने वालों के दिमाग के अंदर कीड़े पैदा हो जाते हैं। अर्थात् धर्म और पंथ सिर्फ और सिर्फ शांति से स्वास्थ्य जीवन जीने का एक नियमित कार्य है। वही बन जाता है "अच्छे कर्म ही धर्म है"।

ज़िन्दगी में अगर कोई व्यक्ति खूब पूजा पाठ या फिर कोई खूब नमाज़ पढता हो इससे ये साबित नहीं होता कि वह व्यक्ति धार्मिक है। उदाहरण के लिए रावण बहुत पूजा पाठ करता था, परन्तु वो मानवता के विपरीत काम करता था। रावण शंकर भगवान का बहुत बड़ा भक्त था और बहुत ज्ञानी था। परन्तु आज हर साल दशहरा में उसका पुतला जलाया जाता है। वहीँ इस्लाम में एक बहुत दानिशवर खलीफा था मोवैय्या और उसका बेटा खलीफा यज़ीद था। यज़ीद को हर साल मुहर्रम में कौसा जाता है। खलीफा का मायने होता है पूरा कौम का सरदार, यज़ीद सब मुसलमानों का सरदार था। परन्तु उसने ही पैगंबर मोहम्मद साहब के नाती और निहत्थे मुसलमानों को पानी से महरूम कर दिया था, और सब को क़त्ल कर दिया था, कर्बला के मैदान में। आज के दिन में कोई भी सनातनी अपने बच्चे का नाम रावण नहीं रखता और कोई भी मुसलमान अपने बच्चे का नाम यज़ीद और शिम्मार नहीं रखता है। इस से

साफ़ पता चलता है कि इबादत का असली मायना है "दूसरों का आदर और इज्जत, इंसानियत वाला काम है"। सिर्फ नमाज़, पूजा पाठ वाली इबादत से कुछ नहीं होता है परन्तु मानवता वाली काम से सब कुछ होता है। यही सही इबादत है और अल्लाह को कबूल है। नमाज़ पढ़ना अनिवार्य है। नमाज़ के साथ मानवता का कार्य ज़रूरी है। हम इतिहास में पाते हैं, कि सूफी संत सही इस्लाम का अमल करतें थें, इसी लिये लोग उन के पीछे चलते थें।

मरने के बाद हर इंसान को वापस जीवन में लाया जाएगा। तब हम सभी का एक - एक करके ईश्वर द्वारा मूल्यांकन किया जाएगा कि हमने कितनी अच्छी तरह उसकी आज्ञा का पालन किया और हमने ईश्वर द्वारा भेजे गए दूतों के मार्गदर्शन का कितना अच्छा पालन किया। यह जानना कि मृत्यु के बाद भी एक जीवन है, एक ऐसे जीवन के बारे में परिप्रेक्ष्य देता है जो हमारे मरने पर जल्द ही समाप्त हो जाएगा। हालाँकि, मनुष्य के लिए बेहतर जीवन स्तर के लिए प्रयास करना स्वाभाविक योग्य है। कुल मिलाकर इस जीवन के लिए सभी कार्य करने में हमारा ध्यान मानवता के कार्य के अनुरूप होना चाहिये और ईश्वर को प्रसन्न करने के प्रयास में होना चाहिये ताकि हम सर्वोत्तम संभव स्तर प्राप्त कर सकें।

चूँकि सभी सच्चे मुसलमान जानते हैं कि अल्लाह केवल उन्हीं से प्रसन्न होता है, जो धर्म का पालन करते हैं, अर्थात् अपने आस-पास के लोग के प्रति अच्छे आचरण प्रदर्शित करते हैं। सच्चे मुसलमान सबसे विनम्र, दयालु, निष्पक्ष और ईमानदार होते हैं। सच्चे मुसलमान परिवार, दोस्तों और पड़ोसियों, चाहे वे मुस्लिम हों या गैर - मुस्लिम के साथ

सर्वोत्तम संभव तरीके से व्यवहार करने का प्रयास करते हैं। सच्चे मुसलमान समुदायों के बीच अच्छे संबंध बनाने का प्रयास करते हैं, ताकि हमारा समाज और समुदाय रहने के लिए सबसे अच्छी और खुशहाल जगह बन सकें। लेकिन आज हम विशेषकर भारत में पाते हैं कि अधिकांश मुसलमान इस्लाम की सच्ची शिक्षाओं के विपरीत जा रहें हैं। कुछ भारतीय मुसलमानों ने इस्लाम की सच्ची भावना को कमज़ोर कर दिया है। केवल नाम मात्र के लिए मुसलमान बने हुए हैं। यह सबसे दुखद बिंदु है। कुछ मुसलमानों के चलते इस्लाम मज़हब भी बदनाम हो गया है।

पैगंबर मोहम्मद साहब ने कहा कि अल्लाह ने लगभग १२४००० पैगंबरों को भेजा ताकि वे प्रभु की बड़ी भूमि पर ईश्वर का संदेश अर्थात् मानवता और न्याय को स्थापित और पुनः स्थापित कर सकें। जाहिर है, सिर्फ न्याय की स्थापना सर्वोच्च लक्ष्य नहीं है, यह लोग को फलने-फूलने और अच्छे इंसान बनने का एक साधन है। इसी लक्ष्य के अनुरूप सही शिक्षा और सही जानकारी अपने आप में एक लक्ष्य है। सही ज्ञान इकट्ठा करना और दूसरों को बताना, ये धर्म का अभिन्न अंग है। ईश्वर की यही आराधना ही परम लक्ष्य है। यह हमारे जीवन की हम लोग की समस्त गतिविधियों के रूप में है। ये लक्ष्य तक पहुँचने की सीढ़ियाँ नहीं, यही लक्ष्य है। यदि हम नौकरी या किसी भी प्रकार का कार्य या कोई सेवा कर रहें हैं, तो उस कार्य को न्यायपूर्वक करना तथा अपनी सभी गतिविधियों को उचित मानवता के हिसाब से करना हमारा लक्ष्य होता है। यही ज़िन्दगी है। यदि कोई व्यवसाय कर रहा है तो उस व्यक्ति का लक्ष्य न्यायपूर्वक व्यवसाय करना है, यह कर्मठता का कार्य है।

इसलिए कर्मकाण्ड के रूप में कुछ अनुष्ठानों के अलावा हमारे जीवन में वे सभी गतिविधियाँ हैं जो कर्मकाण्ड के कार्य है, यही ईश्वर के सभी दूतों का मुख्य संदेश और उद्देश्य रहा है। यही सच्ची इबादत है।

जीने का उद्देश्य स्वयं के लिए बेहतर बनना और अपने आस-पास के लोग के लिए बेहतर काम करना है। अंततः मृत्यु के बाद अनन्त जीवन के लिए खुद को तैयार करना है। अब, इसका मतलब यह नहीं है कि हम केवल पूजा के अलावा कुछ नहीं करें। पूजा पाट, नमाज़ हज इत्यादि धार्मिक कार्य, ये सिर्फ एक छोटी पूजा अर्थात् एक छोटी इबादत है। लेकिन जीवन में किसी भी लक्ष्य की तरह, यह स्वस्थ पर्यावरण के अलावा इसे प्राथमिकता देने के बारे में है। क्या प्राथमिकता पूछ सकते हैं? खैर, धार्मिक अनुष्ठानों के अलावा, यह ईमानदार होने, खुद को एक बेहतर इंसान बनाने, अपने आस पास के लोग की मदद करने, एक अच्छे परिवार का पालन - पोषण करने, एक अच्छा समाज बनाने आदि के बारे में है।

अन्य जीवों की तरह हमारा भी जीवन है, हमने मनुष्य के रूप में जन्म लिया है। व्यक्ति संयोगवश तथा विधाता की इच्छा से किसी विशेष कुल में जन्म लेता है। माता - पिता के धर्म एवं संप्रदाय को अपनाना मनुष्य प्रजाति की रीति और परम्परा बन गई है। ईश्वर ने मानवता की रचना की और शाश्वत धर्म की स्थापना की। इस पुस्तक के खंड 1 में इन बातों का विस्तार से उल्लेख किया गया है।

एक गंभीर चिंतन से यह पता चलता है कि हर विषय की तरह ज़िन्दगी के भी दो पहलू है – उचित और अनुचित।

उदाहरण के लिये लौह तत्व का एक उचित पहलू यह है, कि उसके द्वारा लाभदायक मशीनें बनाई जाए। परन्तु उसका दूसरा अनुचित पहलू यह है कि उसके द्वारा तबाह करने वाले हथियार भी बनाए जातें है। मशीन बनाना लौह तत्व का उचित उपयोग है और उसके द्वारा हथियार बनाना अनुचित उपयोग है।

अल्लाह ने हर मानव को पैदा किया है तो हम लोग का ये कर्तव्य बनता है कि हम सब अपने गुणों का उचित उपयोग करके मानव से मनुष्य बने और ज़िन्दगी को खुशहाल बनाये।

अध्याय - 3

हम कौन?

"हम कौन हैं?"—इस बात का अर्थ मानवता से जुड़ा एक व्यापक दार्शनिक प्रश्न है? वैज्ञानिक और दार्शनिक आम सहमति के अनुसार, मनुष्य अत्यंत जटिल, आत्म-जागरूक और सामाजिक प्राइमेट्स है। हम ऐसे व्यक्ति हैं जो भाषा, संस्कृति और रचनात्मकता, सहानुभूति तथा तार्किक चिंतन की साझा क्षमता के सूत्र में बंधे हुए हैं।

"अल्लाह"के मर्ज़ी से मैं मानव प्रजाति में जन्म लिया, मुस्लिम परिवार में पैदा होने से मैं इस्लाम मज़हब को मानने वाला बन गया। ये ईश्वर ने तो नहीं बनाया। सामाजिक व्यवस्था के करण हुआ। यदि मेरा जन्म वनवासी परिवार में होता तो मैं आदिवासी पंथ का अनुयायी होता, यदि मैं ईसाई परिवार में पैदा होता तो मैं एक ईसाई होता, यदि मैं हिंदू परिवार में पैदा होता तो मैं कुछ और होता इत्यादि इत्यादि। इसलिए किसी भी संप्रदाय या पंथ में जन्म लेना महज एक इत्तिफ़ाक़ है, एक सामाजिक संयोग है। अल्लाह के सामने सभी मनुष्य एक

"अशरफुल मख्लुकत" है। अल्लाह का नाम लेना और मानवता के सभी छोटे और बड़े कार्य ही असली इबादत और आराधना है। जीवन का मूल उद्देश्य यही है।

मैं पहले धर्म, मज़हब और पंथों के बारे में बहुत सारी बातें विस्तार से नहीं जानता था। कभी - कभी कुछ बातें मुझे भ्रमित भी कर देती थी। इस दुनिया में रहने वाले लगभग 97 से 98 प्रतिशत लोग इसी श्रेणी में आते हैं। मुझे इस जीवन के विभिन्न चरणों से गुजरने और अनुभव करने का सद्भाग्य प्राप्त हुआ, जिस के लिए मैं अल्लाह का शुक्रगुजार हूँ। फिर मैंने अपने विश्वास को परिप्रेक्ष्य में रख नई यात्रा यानी नया जीवन शुरू किया, सबसे पहले मैंने खुद को रूढ़िवादी सोच से मुक्त कर लिया और उन लोग पर नज़र रखना शुरू कर दिया, जिन्हें मैं पसंद करता था और जिन्हें मैं कभी पसंद नहीं करता था। मैंने पहले कभी भी एक सच्चे इंसान अर्थात् एक सच्चे मुसलमान के नजरिए से दिखाने की कोशिश नहीं की थी। सिर्फ नाम के लिए मैं भी एक मुसलमान था। विभिन्न संप्रदायों के विभिन्न लोग के बीच रह कर और उनको देखकर और कुरान तथा अन्य धार्मिक पुस्तकों की कुछ गहराई में जाकर मेरा जीवन बदल गया। अब मैं केवल एक सच्चे इंसान यानी सच्चे मुसलमान की भावना से सोचता हूँ और देखता हूँ। मुझे बहुत खुशी है कि अल्लाह ने मुझे भारत में एक सनातनी मुस्लिम परिवार में जन्म दिया। पूजनीय माता और पिता जी ने अलग-अलग जगह अच्छे संस्थानों में पढ़ाया। उन दोनों के आशीर्वाद से ही मेरी ज़िन्दगी अच्छी से गुजरी और मैं दुनिया और जीवन के हर पहलू को देख सका और समझ सका। अल्लाह के आशीर्वाद से मैं हर प्रकार का अनुभव प्राप्त कर सका और इस काबिल

बनाया कि सभी तथ्यों को सबके सामने धीरे धीरे लाकर रख सकूँ। ताकि हम सभी सोच सकें अपना आंकलन कर सकें और समझ सकें कि "हम कौन हैं?"।

मेरा मानना है कि जीवन का उद्देश्य यह जानने का है कि हमें किसने बनाया और वह हमसे क्या चाहता है? हमें उसे पूरा करना है। जिसमें मानवता की सेवा मुख्य रूप से शामिल है। यह इस पर निर्भर करता है कि आप इसे कैसे देखते हैं। इस्लाम हमारे दिमाग को इस दुनिया की चिंताओं और परेशानियों से मुक्त करने का दावा करता है, बशर्ते हम इसको सही तरीके से समझ सकें और सही ढंग से पालन करें। आज अगर किसी को समस्याओं का सामना करना पड़ रहा है, तो यह कभी मत भूलो कि अल्लाह तुम्हें कुछ देकर या तुमसे कुछ लेकर तुम्हारी परीक्षा लेता है। अल्लाह कभी भी किसी आत्मा पर उसकी क्षमता से अधिक बोझ नहीं डालता। क्योंकि आत्मा परमात्मा का भेजा हुआ उसका ही एक छोटा सा अंग है। आखिरकार, यह जीवन एक परीक्षा है। इसे कभी भी ऐसे मत जियो जैसे कि यह स्थायी रहेगा। अपने आप पर धैर्य रखें और सीखते रहें!! मैं जब तक संभव होगा इंसानियत फैलाऊंगा, चाहे कुछ भी हो मैं वही करूँगा जो खुदा को पसंद है और वह मुझे पसंद है और मैं अपने सिद्धांतों को साबित करता रहूँगा।

अपने दिन की शुरुआत हमेशा अपने इरादे को नवीनीकृत करके करें कि आप जो कुछ भी करते हैं वह अपने आप के लिए करते हैं। यह सब केवल अल्लाह के लिए होना चाहिए। मैं अल्लाह से प्रार्थना करता हूँ कि मेरा काम केवल उसे समर्पित हो और अगर मुझसे कुछ भी गलत हुआ हो तो क्षमा करें। वही

सुनने वाला, जानने वाला है। अंत में, मैं अल्लाह से प्रार्थना करता हूँ, कि इस पुस्तक को पढ़ने वालों को भी लाभ हो। मैं जो कहता हूँ और करता हूँ उसमें सच्चाई प्रदान करें, मेरे विचारों और मेरी कलम को विचलन से बचाएं और मेरे सभी मामलों में मेरा मार्गदर्शन करें। सारी प्रशंसा और धन्यवाद अल्लाह के लिए है, जिसकी सहायता और मार्गदर्शन के बिना कोई काम पूरा नहीं हो सकता।

"अपने जीवन को ऐसा बनाओ...कि वह कभी अपनी महिमा ना खोए।" हमेशा याद रखें कि आपकी उपस्थिति किसी के लिए बहुत मायने रखती है। आत्म-विश्वास रखें! दीपक चिल्लाता नहीं है वह प्रकाश देता है । कोई आये या न आये परन्तु आप का कर्म ज़रूर आयेगा।

सृजन का उद्देश्य एक ऐसा विषय है जो हर इंसान को उसके जीवन काल में कभी ना कभी परेशान करती है। प्रत्येक व्यक्ति कभी ना कभी स्वयं से यह प्रश्न पूछता है, कि "हम कौन हैं?" "मेरा अस्तित्व क्यों है?" "मैं यहाँ पृथ्वी पर किस उद्देश्य से आया हूँ?"

अपने अस्तित्व के उचित ज्ञान के बिना मनुष्य इस दुनिया के अन्य जानवरों की तरह होता है। धर्म के बिना ज़िन्दगी खाने, पीने और प्रजनन करना मानव अस्तित्व का उद्देश्य बन जाती है, और मानव प्रयास फिर इस सीमित क्षेत्र में केंद्रित हो जाती है। जब भौतिक संतुष्टि जीवन का सबसे महत्वपूर्ण लक्ष्य बन जाती है, तो मानव अस्तित्व निम्नतम जानवरों से भी अधिक पतित हो जाता है। जब मनुष्य को अपने अस्तित्व के उद्देश्य के बारे में ज्ञान का अभाव होगा तो वह लगातार ईश्वर प्रदत्त

बुद्धि का दुरुपयोग करेगा। आधर्मी मानव मन अपनी क्षमताओं का उपयोग सभी अवैध गतिविधियों को करने के लिए करता है। जीवन का उद्देश्य ज्ञान के बिना मानव अस्तित्व अपना सारा अर्थ खो देता है और परिणामस्वरूप बर्बाद हो जाता है। उसके बाद खुशी के शाश्वत जीवन का इनाम पूरी तरह से नष्ट हो जाता है।

मनुष्य अकसर उत्तर के लिए अपने जैसे अन्य मनुष्यों की ओर रुख करते हैं। हालाँकि, इन प्रश्नों के स्पष्ट और सटीक उत्तर एकमात्र स्थान ईश्वरीय रहस्योद्घाटन की पुस्तकों में ही पाए जा सकता है। यह आवश्यक था कि अल्लाह अपने पैगंबरों / दूत के माध्यम से मनुष्य को उद्देश्य बताए, क्योंकि आम तौर पर मनुष्य स्वयं सही उत्तर तक पहुँचने में असमर्थ होते हैं।

एक इंसान का सबसे बुनियादी लक्षण धर्मपरायणता और विनम्रता है। एक मुसलमान को अन्य लोग के साथ विनम्र होना चाहिए: कुरान (31:18-19) में कहता है, "और अपना चेहरा लोग से (घमंड के साथ) न मोड़ो, और न ही पृथ्वी पर अपमान करते हुए चलो। सचमुच, परमेश्वर हर अहंकारी, डींगें हांकने वाले को पसंद नहीं करता। और अपने चलने में संयमित रहो, और अपनी आवाज़ धीमी रखो। वास्तव में, सभी आवाज़ों में सबसे कठोर आवाज़ गधे की आवाज़ है"।

जीवन में इंसान को अपने जुनून और इच्छाओं पर नियंत्रण रखना चाहिए। इस्लाम में नैतिकता के सिद्धांत, अल्लाह सूरह "अल बकराह" की आयत 177 में धार्मिकता का सारांश देते हैं: "यह धार्मिकता नहीं है कि आप अपना चेहरा पूर्व या पश्चिम

की ओर मोड़ लें; परन्तु यह धार्मिकता (उसका गुण) है जो अल्लाह और अंतिम दिन और फ़रिश्तों और किताब और **पैगंबरों पर ईमान रखता है**; जो अपने धन से प्रेम रखते हुए भी सम्बन्धियों, अनाथों, दरिद्रों, यात्रियों, माँगनेवालों, और दासों को छुड़ाने पर खर्च करता है; और जो नमाज़ में क़ायम रहें और ज़कात दे; और जो अपनी वाचाएं पूरी करते हैं जो उन्होंने बनाईं; और जो गरीबी और बीमारी में और लड़ाई के सभी समय में धैर्यवान और दृढ़ रहते हैं। ऐसे ही लोग सत्यवादी सच्चे इंसान होते हैं।"

यह आयत हमें सिखाती है कि धार्मिकता और धर्मपरायणता बाकी सभी चीज़ों से पहले सच्चे और ईमानदार विश्वास पर आधारित है। सदाचार और अच्छे आचरण की कुंजी अल्लाह के साथ एक मजबूत संबंध है, जो हर समय और हर जगह सब कुछ देखता है। वह दिलों के रहस्यों और सभी कार्यों के पीछे के इरादों को जानता है। इसलिए, एक मुसलमान को सभी परिस्थितियों में नैतिक होना चाहिए; जब कोई नहीं जानता तो ईश्वर को हर एक की जानकारी होती है। लोग हर किसी को धोखा दे सकते हैं, परन्तु लोग अल्लाह को धोखा नहीं दे सकता। हम किसी से भी भाग सकते हैं, लेकिन उससे नहीं। ईश्वर और न्याय के दिन के प्रति प्रेम और निरंतर जागरूकता मनुष्य को भक्ति और समर्पण के साथ आचरण में नैतिक और इरादों में ईमानदार होने में सक्षम बनाती है।

"और अल्लाह उन लोग से प्रेम करता है जो दृढ़ हैं।" धैर्य अकसर सबसे कठिन और सबसे सुंदर होता है जब यह किसी की अपनी इच्छाओं या क्रोध के विरुद्ध होता है: कुरान कहता

है (3:133) "और अपने प्रभु की क्षमा और जन्नत की ओर आगे बढ़ो, और स्वर्ग के लिए उतने ही व्यापक हो जाओ, जिसका विस्तार आकाश और पृथ्वी जैसा हैं।" जो लोग समृद्धि और विपत्ति में अल्लाह के मार्ग में खर्च करते हैं, जो क्रोध को दबाते हैं, और जो लोग को क्षमा करते हैं; वास्तव में, अल्लाह अच्छे कर्म करने वालों से प्रेम करता है।"

अल्लाह को प्रसन्न करना प्रत्येक व्यक्ति की ज़िन्दगी का उद्देश्य और लक्ष्य है, इस्लाम ने नैतिकता का उच्चतम मानक स्थापित किया है। इस्लाम में नैतिकता छोटी - छोटी शुभकामनाओं से लेकर अंतर्राष्ट्रीय संबंधों तक, और जीवन के हर पहलू को संबोधित करती है। मनुष्य को समग्र रूप से समाज के नैतिक स्वस्थ में योगदान देना चाहिए। कुरान (3:110) कहता है, "तुम क्या अच्छे समूहो की (लोग की) हिदायत के वास्ते पैदा किये गये हो तुम (लोग को) अच्छे काम का हुक्म करते हो और बुरे कामों से रोकते हो और खुदा पर ईमान लाते तो उनके हक़ में बहुत अच्छा होता उनमे से कुछ ही तो ईमानदार हैं और अधिकतर बदकार। इस आयत में मुसलमानों को संबोधित किया गया है, तथा उन्हें उमम्म कहा गया है। मुसलमान उनका नाम है जो सत्य धर्म के अनुयायी हैं। यानी मानवता का कार्य, इंसानियत का काम।

पैगंबर ने संक्षेप में बताया एक मुसलमान का आचरण किस प्रकार होना चाहिये: "मेरे रब ने मुझे नौ आदेश दिए हैं: ईश्वर के प्रति सचेत रहना, चाहे निजी तौर पर या सार्वजनिक रूप से; न्यायपूर्वक बोलना, चाहे क्रोधित हो या प्रसन्न हो; गरीबी और अमीरी दोनों में संयम दिखाना, उन लोग के साथ फिर से दोस्ती

करना जिन्होंने मुझसे नाता तोड़ लिया है; जो मुझे अस्वीकार करता है; मेरा मौन विचार में व्यस्त रहे; मेरी दृष्टि एक चेतावनी हो; और मुझे उचित बातों का आदेश देना चाहिए।"

दीपक (प्रकाश) बोलता नहीं है, उसका चमक उसके चरित्र के बारे में बताती है। पैगंबर मोहम्मद साहब के इस दुनिया में आने से पहले, उस दौर में दुनिया में हर जगह कलेश ही कलेश था। इतिहास में उसे अंधकार युग के रूप में जाना जाता है। इतिहास में हम पाते हैं संसार अंधकार से ढका हुआ था।

पैगंबर मोहम्मद साहब के आने से पहले सन ५३६ AD में लगभग 18 महीना को अँधेरा युग कहा जाता है। उस समय पुरे यूरोप, मध्य पूर्व और एशिया पूरी तरह दिन और रात में अँधेरा जैसा माहौल था। करण catastrophic volcanic eruption आइस्लैण्ड में हुआ था। वो समय बहुत ठंडा भी पड़ा था। उस समय बहुत तरह तरह की बीमारी फैली थी, अनाज नहीं पैदा हो सकी थी। लोग भूखे मर रहें थें। हर तरफ कलेश ही कलेश था। लगभग 20 – 25 वर्ष लोग परेशान ही परेशान रहें थे। उन परेशानियों के चलते लोग कुछ इतिहास भी सही ढंग से नहीं लिख सकें थें। इसीलिए उस दौर को जाहिलों का दौर भी बोला जाता था। उस समय को अंग्रेजी में dark age कहा गया है।

उस अंधकार के दौर में महान पैगंबर मोहम्मद साहब द्वारा प्रकाश की एक किरण लाई गई। वह प्रेम और शांति का प्रकाश था, मानवता का प्रकाश, सम्मान का प्रकाश, अधिकारों और कर्तव्यों का प्रकाश, नारी के सम्मान का प्रकाश, मानवता का

प्रकाश, वंचितों के बीच आशा की किरण लेकर आये। और नतीजा सबके सामने है... लेकिन क्या आज कल हम मुसलमान पैगंबर मोहम्मद साहब की रोशनी अपने अंदर लेकर चलते हैं? क्या हम अपने पात्रों के माध्यम से प्रकाश की किरण दिखाते हैं?

जीवन में स्वर्ग की प्राप्ति के लिए किसी को अपने मार्ग और अपनी गतिविधियों पर चलने के लिए बाध्य नहीं किया जा सकता है। अपने आप को, अपने व्यवहार को और अपने चरित्र को ऐसा बनायें, जिसको सभी लोग सराहना करें। अच्छे काम की सराहना सभी करतें हैं । आज ज़रूरत है मनुष्यों के बीच एक धार्मिक और राष्ट्रीय संस्कृति विकसित करने की, जिसमें सभी मनुष्यों में अच्छाई और मानवता के कार्यों के लिए प्रतिस्पर्धा हो। हमारी शिक्षा प्रणाली इस प्रकार विकसित की जाए कि सभी स्कूलों और कॉलेजों में नैतिक शिक्षा और व्यवहार शिक्षा का एक अनिवार्य विषय न सिर्फ पढ़ाया जाए बल्कि वास्तविक कर के सिखाई जाये। जो मनुष्यों को मानविकी के लिए स्वस्थ प्रतिस्पर्धा की ओर ले जाएगा। यही पैगंबर मोहम्मद साहब का संदेश है. इसीलिए उन्होंने ज्ञान प्राप्त करने के लिए दूर-दूर तक जाने को कहा है। आज समय की माँग है कि सभी मदरसों को पैगंबर मोहम्मद साहब के इस सही संदेश को अपनाया जाए। ईर्ष्या और स्वार्थ पूर्ण कार्य की प्रतिस्पर्धा को रोका जाए, और मानविकी कार्यों को स्वीकार करने की प्रतिस्पर्धा को बढ़ावा दिया जाए। आज समय की माँग है कि हम सोचें और कार्य करें और मूल्यों को समझें। समय की माँग है विकास एवं सह-अस्तित्व। समय की माँग है कि हम अपने देश और पीढ़ियों के बारे में सोचें और उसके अनुसार कार्य करें।

मनुष्य मूलतः अत्यंत शंकालु प्राणी suspicious creature है। इसलिए कुरान सूरह "अल – अनाम" (6:35) में अल्लाह कहता है, "और इन लोग का मुँह फेर लेना तुम्हारे लिए भारी है, तो अगर तुम कोई सुरंग ज़मीन में ढूँढ़ सको या आसमान की सीढ़ी बना सको और उनके पास कोई निशानी ले जाओ तो ऐसा कर के देखो, परन्तु यदि अल्लाह चाहता तो उन सब को सीधे मार्ग पर इकट्ठा कर देता। अतः तुम कभी भी अज्ञानियों में से न बनो"। अर्थात् जो मानव अपना ज़मीर मार लेता है वो कभी इंसान नहीं बन पता है। इस लिए पैगंबर मोहम्मद साहब ने इल्म हासिल करने के लिए कहा है। ताकि अपनी बुद्धि लगा कर सही तरीके से ज़िंदगी जी सके।

इस दुनिया में कोई भी इंसान बिल्कुल सही अर्थात् परफेक्ट (perfect) नहीं है। परन्तु हर किसी को कोशिश करनी चाहिए कि हम सब मानव (एक प्रकार का जानवर) से इंसान बने। हमसे गलती होती है, हम गलती करते हैं। हम ग़लत बातें कहते हैं, हम गलत काम करते हैं, हम गिरते हैं। लेकिन हम उठते हैं, हम सीखते हैं। हम पश्चाताप करते हैं, हम सुधार करते हैं, हम आगे बढतें हैं, हम विकसित होते हैं। हम आगे बढ़ते हैं। हम रहते हैं! और दुनिया कायम है। यही ज़िन्दगी है। हम कौन हैं? हम इंसान हैं। ज़िन्दगी का मतलब माहौल होता है तो हम सब को मिल कर अच्छा माहौल बनाना है, ताकि दुनिया में खुशहाली से सब रह सके।

वर्तमान समय में पुरे संसार की स्थिति यह है कि मानव गैर जिम्मेदाराना ढंग से पृथ्वी के ऊपर फैल गए हैं । मानव संसार को केवल इस निगाह से देखते हैं कि यहाँ पर अपनी इच्छाएँ किस प्रकार से पूरी करें । वे इस वास्तविकता के बारे में कदापि

विचार नहीं करतें कि इस पृथ्वी का निर्माण और इसका उद्देश्य उद्देश्य किया है? आज से कुछ सदी और दशक पहले सामानों की बिक्री के लिये विज्ञापन और विज्ञान ने जीवन संरक्षक प्रणाली के बारे में व्यापक स्तर पर जानकारी प्राप्त की, ठीक उसी समय एक और नई परिवेश में विभिन्न करण से परिवर्तन आई। विश्वव्यापी स्तर पर एक नई सभ्यता और संस्कृति का आरम्भ हुआ जिसको आनंदपूर्ण सभ्यता (life style), मौज मस्ती वाली संस्कृति कहा जाने लगा। ये ज़िन्दगी का महोल की उत्पत्ति जो हुई और देखा देखी लोग ने ये समझ लिया कि यहाँ जो कुछ भी है वो सब इस लिये है ताकि मानव उस से आनन्द भोग़ सके। ऐसा किसी तर्क के कारण नहीं परन्तु प्रतिस्पर्धा का माहौल के कारण हुआ। ये जो व्यावहारिक तौर पर आनंद सहायक प्रक्रिया एंजोयमेंट सपोर्ट सिस्टम ने जीवन रक्षा प्रणाली का स्थान ले लिया नतीजा ये हुआ कि मनुष्य समाज मानव समाज बन गया प्रायः पशु समाज बन कर रह गया। पशु केवल अपने निजी हित को जानता है। मनुष्य अपने निजी हित के अतिरिक्त अपने कर्तव्यों से भी प्रचित होता है और उस से जुड़ी हुई उपेक्षाओं को पूरा करता है। परन्तु वर्तमान संसार में ऐसा प्रतीत होता है कि मानो यह फर्क मिट गया है। अब मनुष्य और पशु के बीच केवल वाह्य अंतर ही बाकी रह गया है।

अंत: हम सब का कर्तव्य बनता है कि हम सब अपने भारत की संस्कृति को बचाये और विश्व को भारत की संस्कृति से परिचित करवायें जिस से पूरी दुनिया का कल्याण हो सकता है।

अध्याय - 4

संस्कृति

संस्कृति (Culture) एक लैटिन (latin) शब्द COLERE से आई है, जिसका अर्थ है "खेती करना"। अर्थात् कुछ उत्पादन करना। इसकी जड़ें एक अन्य लैटिन शब्द से भी आती है वो है ("cult" or "cultus" means refining), "कल्ट" या "कल्टस" जिसका अर्थ है "परिष्कृत"(refine) करना। सरल शब्दों में कहें "कुछ करना", मतलब इंसान अपनी सोच से कुछ "मूल्य", "महत्वपूर्ण" और "सैद्धांतिक" कार्य कर के अपने आस पास खुशहाली का वातावरण की उत्पत्ति करना। फिर अपने और अपने समूह के भीतर दिन-प्रतिदिन की सभी गतिविधियों की उत्पत्ति में निरंतर परिष्कृत और सुधार करने के रूप में समझा जा सकता है। "परिष्कृत" इस हद तक कि इसका उत्पाद जिस को हम सब को दिखाई दे या अहसास हो व्यक्तिगत और समाजीक तोर पर, उससे हमारी प्रशंसा और सम्मान हो।

हिंदी में संस्कृति संस्कृत भाषा से आया है। इसका मूल शब्द "कृ" से आया है। "कृ" का अर्थ है "कुछ करना"। साथ मिल कर कुछ करना। "कृ" धातु से बने हैं तीन शब्द "प्रकृति",

"संस्कृति" और "विकृति"। जो हमारे माहौल, पर्यावरण में है, एवं हमारे चारों तरफ है, वो है "प्रकृति"। यही है "ज़िन्दगी"। जब मनुष्य अपनी बुद्धि लगा कर "प्रकृति" को शुद्ध करते हैं और उपयोग में लातें हैं तो वो "संस्कृति" बनती है। जब मनुष्य अपने आस पास के "पर्यावरण" का गलत इस्तेमाल करते हैं, तो वो "विकृति" बन जाती है।

संस्कृति है "सृजन करना, तैयार करना, रूप देना, उत्पादन करना, रचना करना और आगे बढ़ाना"। संस्कृति" मनुष्यों द्वारा पीढ़ी दर पीढ़ी "सृजित" और "अर्जित" भी होती है। विविध कारणों से "मूल संस्कृति" प्रभावित भी होते रहती है। सृजन का अर्थ है निर्माण का पथ। सृजन की क्षमता मनुष्य का एक आंतरिक गुण है।

संस्कृति कभी भी स्थिर नहीं रहती। यह तकनीकी प्रगति, वैश्वीकरण और अन्य समूहों के साथ मेल-जोल के ज़रिए समय के साथ लगातार विकसित और अनुकूलित होती रहती है। यह कई स्तरों पर काम करती है—व्यापक राष्ट्रीय या जातीय संस्कृतियों से लेकर स्थानीय समुदायों या कार्यस्थलों में पाई जाने वाली विशिष्ट सूक्ष्म-संस्कृतियों तक।

"संस्कृति" हम सब के दिन प्रतिदिन के हर कार्य में दिखाई देती है। सामूहिक और व्यक्तिगत तौर में झलकती है। इसमें लोग के मूल्यों, विचारों और व्यवहार से प्रेरित व्यापक चीजें शामिल है। संस्कृति विश्वासों, गतिविधियों, अनुष्ठानों, मानदंडों, साहित्य, कला, वास्तु - कला, संगीत, नृत्य, विचारों, प्रथाओं, समारोहों, संहिताओं, रीति - रिवाजों, लक्ष्यों, ज्ञान, भाषा, व्यंजनों, पोशाक, आदतों, आर्थिक विकास, जिन्हें

व्यक्तिगत और सामाजिक समूहों के सदस्यों द्वारा किया जाता है। इसमें विभिन्न प्रकार के व्यक्तिगत और सामाजिक मूल्य शामिल होते हैं। यह लोग के द्वारा और लोग के लिए बौद्धिक, आध्यात्मिक और विकास का रास्ता भी है। इसमें वो सभी चीज शामिल है जो लोग को हर प्रकार से प्रभावित करती हैं। उस समूह के विचार और रोज़मर्रा के कार्यों दर्पण को दिखाती है। संस्कृति समाज की विचार बहुस्तरीय गतिविधियाँ, सोच, भावनाओं और समझ का एक मार्ग बन जाती है। संस्कृति हर समाज का केंद्र होती है। बिना संस्कृति के कोई भी व्यक्ति या समाज अस्तित्व में नहीं रह सकता। संस्कृति पीढ़ी दर पीढ़ी आगे बढ़ते रहती है। यह समाज के लिए जीवन और समाज को एक अर्थ देती है।

संस्कृति एक पंथ का दूसरे पंथ से भिन्न मानी जाती है, परन्तु क्षेत्र दर क्षेत्र में प्रकृति के हिसाब से अधिक भिन्नता पाई जाती है। संस्कृति कई रूपों में सामाजिक व्यवस्था स्थापित करने में मदद करती है। संस्कृति उक्त समाज और स्थान की पहचान बन जाती है। संस्कृति का योग व्यक्तिगत और सामाजिक दर्पण होता है।

भारत भूमि हमेशा से एक खास देश रहा है क्योंकि भारत की अपनी एक खास संस्कृति रही है। भारतीय संस्कृति पूरी दुनिया को मनुष्य प्रजाति की उत्पत्ति से ही प्रभावित करता आया है। इस धरती की संस्कृति की विशेषता है कि सब को अपनी अपनी श्रद्धा के अनुसार अपने अपने पंथों तथा अन्य विचार व्यक्त करने की पूरी आज़ादी देती है। कुरान और बाकी सभी पंथों के ग्रन्थों से ये साबित होता है कि मनुष्य

प्रजाति की उत्पत्ति और युगों की उत्पत्ति और खात्मा भारत जम्बोद्वीप में होता रहा है। इसका प्रमाण कुरान के पैगंबर नूह अलैहिसालम के जल प्रलय से साबित होता है। साथ ही साथ हम सब समुद्र मंथन के बारे में जानते हैं, मनु के बारे में जानते हैं। जल प्रलय से पहले ज़मीन और समुद्र अलग - अलग थी। भारत की ज़मीन विशालकाय थी। इस से हमें पता चलता है कि विश्व में संस्कृति की उत्पत्ति भारत से शुरू हुई है। हर पंथ आदम / मनु या किसी अन्य नाम से प्रथम मनुष्य को मानते हैं, और ये भी मानते हैं कि आदम / मनु या और जो नाम से जानते हैं, वो भारत ज़म्बोद्वीप से सम्बंध रखते थें। अलग अलग युगों में भारतीय संस्कृति पूरी दुनिया को प्रभावित करती रही है। "वासुदेव कुटुम्बकम्" आज भी हम सभी भारतीय मानते हैं और कहते हैं। हम भारतीय लोग पुरे दुनिया को एक परिवार मानते हैं। हम भारतीय लोग पृथ्वी के सभी लोग, मज़हब, पंथ, देश और भाषा को अपने तरीके से जीने की आज़ादी को समझते हैं और सम्मान देते हैं। अलग अलग युगों में भारतीय पूरी दुनिया को प्रभावित कर के मानवता का प्रचार प्रसार करता आया है। हम भारतीय लोग का अध्यात्मिक स्तर उस उच्च स्तर का है कि हर मज़हब, हर पंथ को, हर चीज को इज्जत देते हैं, सम्मान देते हैं और हर चीज़ के ज़रिये ईश्वर तक पहुँचने का रास्ता खोज लेते हैं। पृथ्वी की सभी संरचनाएँ अल्लाह के द्वारा की गई है, इसीलिए हम सब मानते है कि कण कण में ईश्वर बस्ते हैं।

संस्कृति की उत्पत्ति और विकास भारत से हुई और पूरी दुनिया में फैल गई है। सिकंदर ने चौथी शताब्दी ईसा पूर्व में भारत पर आक्रमण किया था। मौर्य साम्राज्य के पतन के बाद,

यूनानियों का एक बड़ा समूह भारत आया। यूची, शक, हूण, आभीर, पारसी, तुर्क, मंगोल आदि भी भारत में आकर बस गए और भारतीय संस्कृति को अपना लिया। आज उनका कोई अलग अस्तित्व नहीं है। वे सभी अपने कार्यों के अनुसार समाज में बस गए हैं और खुद को अच्छी तरह से समाहित कर लिया है। धीरे धीरे वे सभी भारत के अभिन्न अंग बन गए। इस प्रकार आज का भारतीय संस्कृति इस देश में आकर बसने वाली कई समूहों, जातियों, पंथों, संप्रदायों की संस्कृतियों के मेल से तैयार हुई है। भारत की ख़ासियत ये है कि इस देश में आने वाले विभिन्न समुदाय और पंथ के लोग यहाँ बस गए और अपनी जीवन शैली का प्रचार और प्रसार भर पूर किया। भारत ने सभी को बराबर का सम्मान और प्रेम दिया। लोग ने आपस में धीरे-धीरे विचारों का आदान - प्रदान किया और आपस में मिले-जुले और समय के साथ इस क्षेत्र में नई संस्कृतियां की उत्पत्ति हुईं। इससे मिश्रित संस्कृति (Composite Culture) का जन्म हुआ। वे सदियों से सह - अस्तित्व में हैं, जो इस बात का संकेत है कि भारत भूमि ने सभी को गर्म जोशी से स्वीकार किया है। सभी ने इसे मादरे वतन माना।

कई उतार-चढ़ावों के बावजूद भारतीय संस्कृति सदियों से अपनी महिमा और वैभव के साथ चमक रही है। इस कलियुग में सिर्फ भारत ही एक देश है, जो कि मिश्रित संस्कृति की परंपरा को प्रदर्शित कर रही है। भारतीय संस्कृति के अनुसार, हम **'अतिथि देवो भव'** की अवधारणा का पालन करते रहें हैं और हम सभी भारतीय प्रत्येक अतिथि को पवित्र आत्मा मानते हैं। वही बात मूल इस्लाम में कहा गया है कि घर में मेहमान आयें तो उनका इज़्ज़त करो। मेहमान का रिजक अल्लाह

भेजता है। इस्लाम में मेहमान को फरिश्ता से जोड़ा गया है। यही बात भारत प्राचीन काल से मानता आ रहा है।

भारत विभिन्न पंथों, ग्रन्थों, भाषाओं, त्योहारों, संस्कृतियों, पारंपरिक मान्यताओं, विरासत आदि से समृद्ध है। हिंदू, इस्लाम, ईसाई, बौद्ध, सिख, जैन, यहूदी, पारसी इत्यादि पंथों को मानने वाले लोग हैं। इन में से प्रत्येक पंथ के अपने त्यौहार है, जैसे रमजान, होली, सरहुल, क्रिसमस, दिवाली, गुड फ्राइडे, ईद-उल-फितर, गणेश चतुर्थी इत्यादि इत्यादि। पंथों और त्योहारों की तरह भारत की सांस्कृति विविध भाषा, भोजन, कला, शिल्प, संगीत, नृत्य, गौचर-अगौचार और कई अन्य सूक्ष्म चीजों में भी दिखाई देती है। इन सभी अलग अलग विशिष्टताओं के बावजूद एक अदृश्य बंधन सब में मौजूद है, जो हम सभी भारतीय को एकजुट करता है, वह है एक गौरवान्वित भारतीय होने की भावना। भारतीय संस्कृति मानवीय मुल, सामाजिक मानदंडों, नैतिक मूल्यों, पारंपरिक परंपराओं, विश्वास प्रणालियों, राजनीतिक प्रणालियों, कलाकृतियों और प्रौद्योगिकियों का संग्रह है।

एक मिश्रित समाज में संस्कृति कई कारकों के आधार पर समय के साथ साथ धीरे-धीरे बदलती है। अच्छे लोग सद्‌णों के माध्यम से अन्य संस्कृतियों को भी अपनाते हैं। "**संस्कृति" का अर्थ ही है कार्यों को परिष्कृत** करना। समाज पारंपरिक संस्कृति के सभी नैतिक मूल्यों को उनके शुद्ध रूप में अपने साथ रखता है। यह हम भारत में अपने मुस्लिम समाज में देख सकते हैं। भारतीय मुसलमान कारण जो भी रहा हो अपने पंथ/ मज़हब बदलने का, किन्तु हम सब मुसलमान नमाज अदा

करते हैं। भारत के "नमाज" को अरबी भाषा में "सलाह" कहते हैं। "नमाज" शब्द भारत मूल का संस्कृत के "नमः + अज़" शब्द से बना है। "नमः" का अर्थ है झुकना और "अज़" का अर्थ है सर्वोच्च शक्ति यानी "अल्लाह"। इसलिए नमाज में हम अल्लाह के सामने झुकते हैं यानी सर्वोच्च शक्ति के सामने खुद को पूरी तरह से समर्पित कर देना। स्थानीय और पारंपरिक संस्कृति और जीवन शैली हमेशा अपने क्षेत्र में आने वाली दूसरी संस्कृतियों पर प्रभाव डालती है। पर्यावरण और जल वायु भी संस्कृति को प्रभावित करती है, जिस का मिश्रण मिश्रित संस्कृति में हमें दिखाई देती है।

हालाँकि अलग - अलग पंथों के अपने - अपने रीति - रिवाज़ होते हैं, जो संस्कृतियों का हिस्सा होती है, किन्तु सभी संस्कृतियों की एकमात्र अवधारणा और उद्देश्य "खुशहाली और शांतिपूर्ण सह - अस्तित्व" होता है। हम सब साफ देख सकते हैं कि उत्तर भारतीय मुसलमानों की कुछ संस्कृति दक्षिण भारतीय मुसलमानों से अलग है। हम उत्तर भारत के सनातनियों और दक्षिण भारत के सनातनियों के बीच भी अलग - अलग संस्कृतियाँ पाते हैं। लेकिन सभी संस्कृतियों की एकमात्र उद्देश्य है खुशहाली और शांतिपूर्ण जीवन। संस्कृतियाँ समाज के सभी प्रकार की गतिविधियों जैसे विवाह, परंपराएँ, चित्रकारी, कपड़े, पोशाक, भोजन, अनुष्ठान, व्यवहार, रीति - रिवाज, भाषा, साहित्य, कला, गीत, प्रार्थना, बातचीत, मूल्यों और चर्चा आदि के माध्यम से लोग और समाज का दृष्टिकोण / स्वरूप दिखाती है। लेकिन ये सभी चीजें एक सत्त्त प्रक्रिया है और समय के साथ - साथ विभिन्न प्रभावों के कारण कुछ बदलाव आते रहती है। कई कारणों से सामाजिक और सांस्कृतिक परिवर्तन बहुत धीमा

और कभी-कभी बहुत तेज़ होता है। यह दूसरे समाज के प्रबल प्रभावों ...... और अपने समाज के अंदर की कमज़ोरियों पर काफी हद तक निर्भर करती है।

संस्कृति की आत्मा खुशहाली है। अलग-अलग संस्कृतियाँ एक बड़े देश को अलग - अलग रंग देती है। एक-दूसरे के लिए और एक-दूसरे के साथ उत्सव मनाने, सम्मान करने और पाने का अवसर प्रदान करती है। अपनी संस्कृतियों का अभ्यास करना और अपनी संस्कृति को परिष्कृत करना और अन्य संस्कृतियों का सम्मान करना ईश्वर के सभी 124000 दूतों ने बताई है। यदि संस्कृति को सही तरीके से बनाया जाये और निभाया जाए तो इसका पर्यावरण पर भी अनुकूल प्रभाव पड़ता है। यह स्वस्थ और शांतिपूर्ण जीवन के लिए अच्छा वातावरण बनाती है। संस्कृति हमें नैतिक मूल्य सिखाती है। नैतिक मूल्यों के बिना संस्कृति टिक नहीं सकती और समाज विकृत हो जाती है। एक मिश्रित समाज में मिश्रित संस्कृति अलग - अलग तरह की खुशबू देती है। ऐसे में दूसरों की संस्कृति का सम्मान करना सभी लोग का कर्तव्य बन जाता है। अच्छे लोग हमेशा विभिन्न संस्कृतियों और उसके मूल्यों की सराहना करते हैं। ये भारतीयों के अंदर प्रारंभ से देखा गया है, संस्कृति किसी स्थान पर नहीं रहती। यह हमारे मूल्यों में और कार्य में रहती है और दिखती है।

संस्कृति और भारत पर कुछ महानायकों का मंतव्य।

- संस्कृति को नष्ट करने के लिए आपको किताबें जलाने की ज़रूरत नहीं है। बस लोग को उन्हें पढ़ना बंद करवाएँ। रे ब्रैडबरी (अमेरिकन लेखक)

- यदि आप संस्कृति को सही तरीके से समझते हैं, तो बाकी अधिकांश चीजें अपने आप ठीक हो जाएंगी। टोनी हसीह

- "हमारे पास अलग-अलग धर्म, अलग-अलग भाषाएँ, अलग-अलग रंग की त्वचा हो सकती है, लेकिन हम सभी एक मानव जाति के हैं"। कोफी अन्नान

- हमारी समृद्ध और विविध सांस्कृतिक विरासत से हमारे राष्ट्र के निर्माण में मदद करने की गहन शक्ति है। नेल्सन मंडेला

- "भारत हमें परिपक्व मन की सहिष्णुता और सौम्यता, समझदार आत्मा और सभी मनुष्यों के लिए एक एकीकृत, शांत प्रेम सिखाएगा।" - विल ड्यूरेंट

- "भारत में, यह माना जाता है कि सभी प्राणियों का एक उद्देश्य है।" - मेल गिब्सन

- "अन्य देशों में, मैं एक पर्यटक के रूप में जा सकता हूँ, लेकिन भारत में, मैं एक तीर्थयात्री के रूप में आता हूँ।" - मार्टिन लूथर किंग, जूनियर

- "संस्कृति वह नाम है जिसमें लोग की रुचि होती है, उनके विचार, उनके मॉडल, वे किताबें जो वे पढ़ते हैं, और वे भाषण जो वे सुनते हैं" - वाल्टर लिपमैन

भारतीय संस्कृति एक व्यापक शब्द है जो विभिन्न पंथ, लोग और छेत्रों की सांस्कृति, प्रथाओं, मूल्यों और मानवता के नैतिक मूल्यों को समाहित करता है।

इस्लाम की अपनी कोई संस्कृति नहीं है, बल्कि इसमें केवल शिक्षाएँ हैं। पैगंबर मोहम्मद साहब के आने से पहले अरब में जो संस्कृति थी उसको हम सब इस्लामिक संस्कृति नहीं बोल सकते हैं। परन्तु महान पैगंबर मोहम्मद साहब के इस दुनिया से चले जाने के बाद कुछ मुसलमानों ने अपने फ़ायदा के लिये कुछ पुराने संस्कृतियों को तोड़ मड़ोर कर फिर से इस्लाम के अंदर घुसा दिया। उन विकृत संस्कृतियाँ से ही इस्लाम के अंदर विकृतियां की शुरुआत हो गई थी। इस्लाम जब अरब देश से बाहर फैला तब उस छेत्र की संस्कृति का प्रभाव इस्लामी संस्कृति में भी हुआ। आज इस्लामी संस्कृति के ऊपर अरब, बैजान्टिन, फारसी, ईरानी, कोकेशियान, तुर्किक, भारतीय, मलय, सोमाली, बर्बर और इंडोनेशियाई संस्कृतियों सहित विभिन्न संस्कृतियों से प्रभावित है। दुनिया के विभिन्न देशों में इस्लामिक संस्कृति भिन- भिन है जिस में उक्त देश का संस्कृति की झलक साफ देखा जा सकता है।

कुरान में, अल्लाह सिर्फ मुसलमानों या अरबों को संबोधित नहीं करता है। वह सभी मानव जाति को उसकी संस्कृतियों के साथ संबोधित करता है। इस्लाम इस दुनिया में मौजूद सभी विभिन्न संस्कृतियों को अहमियत देती है, इज्ज़त करती है और एकीकृत करता है। इस्लाम दुनिया भर की सभी संस्कृतियों को स्वीकार करता है, जब तक कि वे इस्लाम के मूल सिद्धांतों का खंडन नहीं करते हैं। वो है एकेक्श्ववाद वही है सर्वशक्तिमान, ऊपर वाला एक है। यही मूल सिद्धांत अनंत काल से चलता आ रहा है। इस्लाम में बाकी सब एक प्रकार का अनुष्ठान और रीति रिवाज़ है, मानव से मनुष्य बनने के

लिये, एक नेक इंसान बनने के लिए, मानवता के लिये और शांति के साथ रहने के लिये। अगर कोई एक ईश्वर को माने और उनको ही सर्व शक्तिमान माने परन्तु मानवता का काम नहीं करता हो, दूसरों की संस्कृति और परम्परा को जाने बिना धित्कारता है, तो वो मानव से मनुष्य नहीं बन सकता है। वो इंसान मुसलमान नहीं हो सकता है।

(कुरान 7:199) सूरा अल - अराफ़ कहता है, "लोग से वैसा ही और वही स्वीकार करो जो उनके लिए स्वाभाविक है; रीति-रिवाज़ के अनुसार जो अच्छा है, उसे अपनाओ और आदेश दो, और अज्ञानी लोग से दूर रहो उसे बिना जवाब दिए"। "जो अच्छा है उसे अपनाओ, और मूर्खों से दूर रहो"। अर्थात् बुराई से दूर रहो।

कुरान (17:70) सूरा अल - इसरा कहता है, "हर किसी का प्रदत्त मानवीय गरिमा का सम्मान किया जाना चाहिए, चाहे उसका मज़हब, पंथ, जाति, मूल, लिंग या सामाजिक स्थिति कुछ भी हो"। "वास्तव में हमने आदम की संतानों को सम्मान दिया है और उन्हें भूमि और समुद्र पर ले गए और उन्हें उनके भारण - पोषण के लिए अच्छी चीज़ें प्रदान की, और उन्हें प्राणियों में श्रेष्ठ बनाया"। कुरान इस्लाम की शिक्षा का मूल श्रोत है, जिस में अल्लाह खुद कह रहा है दूसरों का सम्मान करने के लिए, परन्तु आज हम सब मुसलमान अल्लाह के किताब को सिर्फ दिखाने के लिये पढतें है और रखते हैं। अगर हम सब दूसरों का सम्मान करेंगे तो दुनिया में अमन चैन बहाल हो जायेगा।

कुरान 49:13 सूरा अल - हुजुरात कहता है "हे मनुष्यों! वास्तव में, हमने तुम्हें एक पुरुष और एक महिला से बनाया,

और तुम्हें अलग - अलग लोग और जनजातियों में बनाया ताकि तुम एक - दूसरे को जान सको। निःसंदेह तुम में से सबसे महान व्यक्ति अल्लाह की दृष्टि में सबसे अधिक धर्मी है"। कतर देश में फीफा 2022 के उद्घाटन समारोह के दौरान एक विशेष रूप से सक्षम व्यक्ति (handicap)"घनीम अल मुफ़्ता" ने **सूरह अल हुजुरात** की एक आयत को बहुत अच्छे से सुनाया और समझाया। प्रसिद्ध हॉलीवुड स्टार मॉर्गन फ्रीमैन और कतर में फीफा वर्ल्ड कप के राजदूत के बीच संवाद किया। अपनी प्रभावशाली आवाज़ में, फ्रीमैन ने सवाल किया, "अगर सिर्फ एक ही रास्ता (मज़हब) अपनाया जाए तो इतने सारे देश, भाषाएँ और संस्कृतियाँ एक साथ कैसे है? और क्यों है?" महान अभिनेता के इस सवाल में अल मुफ़्ता ने सूरह हुजुरात की 13 वीं आयत का संदर्भ दिया था। बेहतरीन अभिव्यक्ति के साथ, अल मुफ़्ता ने कुरान के हवाले से कहा, "हे मानव! हमने तुम्हें एक पुरुष और एक महिला से बनाया है, और हमने तुम्हें जातियों और कबीलों में विभाजित किया है, ताकि तुम एक दूसरे से मिल सको, एक दूसरे को जान सको। अल्लाह की नज़र में तुममें सबसे श्रेष्ठ वह है जिसके पास सबसे ज़्यादा तक़वा है। अल्लाह सब कुछ जानने वाला है।" निष्कर्ष निकालने के लिए फ्रीमैन ने कहा, "मैं इसे देख सकता हूँ। जो चीज़ हमें अभी यहाँ जोड़ती है, वह हमें अलग करने वाली चीज़ से कहीं ज़्यादा बड़ी है।" अल मुफ़्ता ने जवाब दिया, "हमें यह विश्वास दिलाना होगा कि हम राष्ट्रों के रूप में इस दुनिया में बिखरे हुए हैं, ताकि हम एक-दूसरे से सीख सकें और अच्छे चीजों को अपना सकें और अपने मतभेदों के बीच में सुंदरता पा सकें"।

एक ही रास्ता का मतलब है सिर्फ और सिर्फ मानवता का रास्ता। कोई भी मज़हब और पंथ मानवता का कार्य से ही ईश्वर तक पहुँच सकता है।

कुछ प्रबुद्ध व्यक्ति के वक्तव्य

- "न्याय के बिना शांति नहीं हो सकती, न्याय निष्पक्षता के बिना नहीं हो सकता, निष्पक्षता विकास के बिना नहीं हो सकती, विकास लोकतंत्र के बिना नहीं हो सकता, लोकतंत्र संस्कृतियों और लोग की पहचान और मूल्य के सम्मान के बिना नहीं हो सकता।" - रिगोबर्टा मेन्चू तुम (ग्वाटेमाला के स्वदेशी अधिकार कार्यकर्ता, 1990 में शांति शिक्षा के लिए यूनेस्को पुरस्कार, 1992 में नोबेल शांति पुरस्कार विजेता)

- "यदि सभ्यता को जीवित रहना है, तो हमें मानवीय संबंधों के विज्ञान को विकसित करना होगा - सभी लोग की, सभी प्रकार की, एक साथ, एक ही दुनिया में शांति से रहने की क्षमता।" -फ्रैंकलिन डी. रूजवेल्ट (संयुक्त राज्य अमेरिका के 32वें राष्ट्रपति; 1882-1945)

- अपने पिछले इतिहास, उत्पत्ति और संस्कृति के ज्ञान के बिना, लोग जड़ों के बिना पेड़ की तरह हैं। मार्कस गार्वे जमैका में जन्मे ब्रिटिश राजनीतिक कार्यकर्ता, पैन - अफ्रीकनिस्ट, वक्ता और उद्यमी।

- अपनी संस्कृति के संरक्षण के लिए अन्य संस्कृतियों के प्रति अवमानना या अनादर की आवश्यकता नहीं है। सीजर चावेज़ अमेरिकी कृषि, श्रमिक नेता और अधिकार कार्यकर्ता।

भारतीय संस्कृति के निर्माण में शामिल पहलुओं की विविधता ही हमारी संस्कृति को समग्र संस्कृति कहने के लिए पर्याप्त है। यद्यपि हमारे देश की समग्र संस्कृति पर हमारा दृष्टिकोण गर्व का है, परन्तु ऐसे कई आंतरिक और बाह्य कारक हैं जो हमारे राष्ट्र की विविधता में 'एकता'को लगातार खत्म करने की कोशिश करते हैं। 1.4 बिलियन नागरिकों वाले देश के लिए, भारत की सीमाओं के भीतर मौजूद अनेक समुदायों के बीच सद्भाव और शांति संबंध बनाए रखना हमारी संस्कृति का एक हिस्सा है, जिस को हम सब भारतीय अच्छी तरह से निभा रहें हैं। परन्तु कुछ असामाजिक, अधार्मिक और कट्टरपंथी लोग के चलते कभी - कभी एक कठिन चुनौती आ जाती है। आज़ादी के बाद भारत एक राष्ट्र के रूप में सफलता पूर्वक विकास कर रहा है, अपने राज्यों को एकीकृत किया और एक स्थिर अर्थव्यवस्था के रूप में विकसित होने और दुनिया में अपने खोए हुए गौरव को प्राप्त करने की कोशिश करने में सक्षम होता जा रहा है। जब तक लोग अपनी और अन्य समुदायों की सांस्कृतिक पहचान का सम्मान करते हैं, हम अपनी अखंडता पर हर अनचाहे हमले को हरा सकते हैं। यह इस तथ्य के कारण भी है कि हम भारत के नागरिक के रूप में अपनी राष्ट्रीय पहचान से एक साथ बंधे हैं। हम सभी अपने पूर्वजों की विरासत को साझा करते हैं, जिन्होंने हमारी स्वतंत्रता के लिए संघर्ष किया और हमारे देश को सक्षम बनाया है। इसलिए हर एक नागरिक के लिए एक-दूसरे की सांस्कृति का सम्मान करना और साथ ही राष्ट्रीय पहचान के गौरव को साझा करना महत्वपूर्ण है। हमारे भारत में मिश्रित संस्कृति पनपी है, और जब तक हम इन नैतिक मूल्यों को

बनाए रखेंगे, तब तक हमारा देश का मान सम्मान बढ़ता रहेगा।

मौलाना आज़ाद स्वतंत्रता संग्राम के युग के प्रभावशाली व्यक्तियों में से एक थे। उन्होंने अपने व्यक्तित्व और इस्लामी मूल्यों को राष्ट्र निर्माण के लिए आधुनिक दृष्टिकोण के साथ मिश्रित किया। वे इस्लाम और महान भारतीय राष्ट्रवाद के अनुयायी थे। अपने लेखन में, उन्होंने उन चीजों की ओर इशारा किया जो आज भी हमारे देश में प्रासंगिक है। उन्होंने कहा: "व्यक्तिगत स्वच्छता के अनुष्ठानों पर जोर देना चाहिये, साथ ही सामाजिक स्वच्छता और स्वस्थ के नियमों के प्रति भी। शिक्षा का मुख्य उद्देश्य लोग को स्वच्छ और स्वस्थ जीवन जीने के लिए प्रशिक्षित करना होना चाहिए"। उन्होंने समर्थन किया कि "हमारा शैक्षिक कार्यक्रम महिलाओं की उचित शिक्षा पर निर्भर करेगा। अगर महिलाएं उचित शिक्षा लेंगी तो हमारी आधी से अधिक समस्याएं हल हो जाएंगी"। मौलाना आज़ाद ने कहा: **"राष्ट्रों की उन्नति में संकीर्णता (narrow mindness) से बड़ी कोई बाधा नहीं है" जिसे उन्होंने एक सामाजिक "रोग" कहा।** उन्होंने स्पष्ट रूप से तर्क दिया कि संकीर्ण सोच और भारत जैसा एक महान समग्र समाज हमेशा असंगत रहेगा। 1923 में भारतीय राष्ट्रीय कांग्रेस के दिल्ली अधिवेशन में अपने अध्यक्षीय भाषण में, आज़ाद ने हिंदू-मुस्लिम एकता के विषय पर विस्तार से बात की और कहा: "ग्यारह सौ वर्षों के साझा इतिहास ने भारत को हमारी साझा सोच से समृद्ध किया है। हमारी भाषा, हमारी कविता, हमारा साहित्य, हमारी संस्कृति, हमारी कला, हमारा पहनावा, हमारे तौर-तरीके, हमारे दैनिक जीवन की असंख्य घटनाएं, सब कुछ हमारे

संयुक्त प्रयासों की छाप है। उन्होंने सभी भारतीयों से आग्रह किया कि "हमें तथ्य और इतिहास के तर्क को स्वीकार करना चाहिए और अपने भविष्य के इतिहास को गढ़ने में लग जाना चाहिए"। आज़ाद की यह अभिव्यक्ति आज और भी प्रासंगिक हो जाती है, जब लोग के सामाजिक और आर्थिक बहिष्कार का आह्वान करके सामाजिक और सांप्रदायिक तनाव को बढ़ावा दिया जा रहा है, और भारत की समग्र संस्कृति खतरे में आ जाती है। मौलाना आज़ाद ने कहा: "मैं मुसलमान हूँ, और मुझे मुसलमान होने पर गर्व है। इस की तेरह सौ साल पुरानी परंपरा मेरी विरासत है। मैं इसका एक छोटा सा हिस्सा भी बर्बाद करने को तैयार नहीं हूँ"। लेकिन उन्होंने आगे कहा: "इस्लाम की भावना मुझे नहीं रोकती। यह वास्तव में मेरे मार्ग पर मेरा मार्गदर्शक है। मुझे गर्व है कि मैं एक भारतीय हूँ। मैं भारतीय राष्ट्रवाद का एक कण हूँ....मैं अपनी इस मान्यता को कभी नहीं छोडूंगा"।

आज़ादी के बाद भारत की मिश्रित संस्कृति (Composite Culture) लगातार खतरे में आ जाती है। कुछ विश्व व्यवस्थाएं जान बूझ कर समाज का ध्रुवीकरण कर रही है। कुछ विश्व व्यवस्थाएं भारत के "वासुदेव कुटुम्बकम" के सिद्धांत जो गर्व की बात है, पुरे विश्व के लिए है, मानवता के लिये है, यही मूल्य बातें पैगंबर साहब ने कहा था, उसको दबाने की हर प्रयास कर रही है। हमारे देश की सर्वांगीण प्रगति को रोंकने की कोशिश की जा रही है, ताकि भारत फिर से विश्व शक्ति न बन जाये। **आज अगर भारत की एकता खत्म होगी तो इसका परिणाम पूरे मानव जगत का विनाश हो सकता है।** 'भारत के विचार' और संस्कृति को बचाने के लिए, भारत और

भारतीयों को उस तरह की शिक्षा की आवश्यकता है, जो मानवता और समरसता विचारों का अभिन्न अंग हो। यही धर्म और ज़िन्दगी का मूल्य सिद्धांत है। भारत की मिली - जुली संस्कृति कई समाजों का, कई पंथों का एक विषम संयोजन है और एक राष्ट्र के रूप में सह - अस्तित्व में सदियों से है। भारत अपने नागरिकों को किसी भी धर्म या संप्रदाय का चयन करने की उचित स्वतंत्रता देती है। यह समाज की सामान्य सहिष्णु प्रकृति है जो "वासुदेव कुटुम्बकम " की अवधारणा में अपनी जड़ें जमाती है और सभी को समान रूप से स्वीकार करती है।

सभ्यता संस्कृति का अंतिम उत्पादन है और संस्कृति सभ्यता का प्रतिबिंब है। संस्कृति मानव समाज के बारे में सब कुछ है। यह क्षेत्र में रहने वाले लोग के एक विशिष्ट समूह की गतिविधियों, ज्ञान और सुविधाओं को संदर्भित करती है। दूसरी ओर, सभ्यता मानव समाज की सफलता है, जिसका अर्थ है कि यह सामाजिक और मानवीय विकास का एक उन्नत चरण है। संस्कृति मानव समाज के आसपास सब कुछ है। दूसरी ओर, सभ्यता मानव समाज की सफलता है, जो बताती है कि यह सामाजिक और मानवीय मुल का एक प्रगतिशील संगठन है।

भारत कई समूहों और भाषाओं वाला देश है। यहाँ युगों - युगों से दार्शनिक और सांस्कृतिक विकास होता रहा है। यह समाजों को विशेष विशेषताएँ प्रदान करता है। सहिष्णुता की भावना, दूसरों के धर्म और पंथों को समझना, शांति और न्याय को बढ़ावा देने में सहयोग समय की मांग है। हमारे पूर्वजों, ऋषियों, गुरुओं, संतों और सूफियों द्वारा स्थापित उदाहरणों से हमें सांप्रदायिक सद्भाव और हमारी समग्र संस्कृति के संरक्षण

की दिशा में मार्गदर्शन मिलना चाहिए। भारतीय धार्मिक और सांस्कृतिक परंपराओं ने धार्मिक सहिष्णुता, शांतिपूर्ण सह-अस्तित्व और सांस्कृतिक संश्लेषण में बहुत बड़ा योगदान दिया है। हमें पता होना चाहिए जब भी बाहरी ताकतों ने भारत की समृद्ध सभ्यता पर बुरी नजर डाली, सभी ने मिलकर उसकी रक्षा की है । ब्रिटिश हाउस ऑफ कॉमन्स की बहस में एक रिकॉर्ड दर्ज है, कि **जब भी हैदर अली और टीपू सुल्तान ने अंग्रेजों के खिलाफ युद्ध लड़ा, तो उनके लिए सभी मंदिरों और मस्जिदों में प्रार्थना की गई थी। यह मिश्रित संस्कृति का एक शानदार उदाहरण है।** आज विश्व कप फाइनल और ऐसे कई राष्ट्रीय अवसरों के दौरान भारत के सभी लोग, चाहे वे किसी भी पंथ का हो, मंदिरों, मस्जिदों, गुरुद्वारों और चर्चों में प्रार्थना करते हैं। सभी आयोजनों में भारतीय टीम की सफलता के लिए प्रार्थना करते हैं। यही भारत है "विविधता में एकता" यही हमारी संस्कृति रही है। भारत के सभी लोग भारत नामक राष्ट्र से बंधे हैं। यह भारत का वास्तविक सार है, जहां हम एक साथ रहते हैं, और एक साथ फलते-फूलते हैं। भारत में सभी पंथ संप्रदायों के अलग - अलग रीति - रिवाज और मोक्ष के अलग-अलग मार्ग हैं, लेकिन सभी पंथ का सार मानवता का है।

मैं आस्था से मुसलमान हूँ और मेरा नाम कलीम उल्लाह कबीर है, क्योंकि मेरे माता - पिता ने मुझे कलीम उल्लाह नाम दिया था और बाद में किसी ने उसमे कबीर जोड़ दिया। ज़रा सोचिये अगर मैं किसी सनातनी परिवार या किसी ईसाई परिवार या किसी पंजाबी परिवार में पैदा होता तो मेरा नाम क्या होता? आज पृथ्वी के हर कोने में अशांति है, और दुर्भाग्य की बात ये है

की अशांति पंथ के नाम पर तो है ही, साथ ही साथ आपस में रिश्तेदार और जान पहचान वालो के साथ भी है। इसलिए यह सही समय है कि हम हर चीज़ का विश्लेषण करें और हर चीज़ को समझें कि "हम कौन हैं?" भारतीय संस्कृति और इस्लाम का मूल रूप नैतिक गुणों के साथ-साथ दान, त्याग और सादगी के दृष्टिकोण को प्रोत्साहित करती है। मनुष्य को उपयोगी बनने की प्रेरणा देती है। संयुक्त परिवार व्यवस्था भारत में एक प्रचलित संस्था है। भारतीय संस्कृति स्थान के आधार पर भिन्न भिन है, क्योंकि यह एक बहुभाषी, बहुसांस्कृतिक और बहुजातिय सभ्यता है। एक राष्ट्र की आत्मा उसकी संस्कृति है। हम संस्कृति के माध्यम से किसी देश की समृद्धि को उसके अतीत और वर्तमान से अनुभव कर सकते हैं।

नेताजी सुभाष चन्द्र बोसे एक ऐसे नेता थे जिन्हें हम सभी इस देश में उच्च सामाजिक और सांस्कृतिक मूल्य प्रणाली के लिए काम करते देखा है। प्रेरणादायक संस्कृति विकास के संदर्भ में **रतन टाटा के प्रेरणादायक और प्रेरक उदाहरण "कोई भी लोहे को नष्ट नहीं कर सकता, लेकिन उसका अपना जंग नष्ट कर सकता है! इसी तरह, कोई भी व्यक्ति को नष्ट नहीं कर सकता, लेकिन उसकी अपनी मानसिकता नष्ट कर सकती है।**"

- "जीवन में उतार - चढ़ाव हमें आगे बढ़ने के लिए बहुत महत्वपूर्ण हैं क्योंकि ईसीजी ECG में भी एक सीधी रेखा का मतलब है कि हम जीवित नहीं हैं।"
- "अपनी जड़ों को कभी न भूलें, और हमेशा उस जगह पर गर्व करें जहाँ से आप आतें हैं।"

- "अपने मूल्यों और सिद्धांतों से कभी समझौता न करें, चाहे इसके लिए आपको कितना भी कठिन रास्ता क्यों न चुनना पड़े।

टाटा समूह की कंपनियों की संस्कृति एक सच्ची भारतीय संस्कृति का प्रतिनिधित्व करती है। यही मानवता के सच्चे मूल्य है। विभिन्न जातीय समूहों, विभिन्न धर्मों और संप्रदायों, विभिन्न भाषा बोलने वाले लोग टाटा समूह की कंपनियों में नैतिक मूल्यों के साथ मिलकर काम करते हैं, और नैतिक मूल्यों के साथ कंपनी और खुद दोनों को कमाने और लाभ पहुँचाने के एजेंडे के साथ, खुशी और शांति से साथ रहने के लक्ष्य के साथ अधिकारों से पहले कर्तव्यों का पालन करते हैं। यही ज़िंदगी है अर्थात् खुशहाली का माहौल बनाना।

संस्कृति लोग को एक-दूसरे को बेहतर ढंग से समझने में मदद करती है। अगर वे अपनी आत्मा से एक-दूसरे को बेहतर समझते हैं, तो आर्थिक और राजनीतिक बाधाओं को पार करना आसान होता है। संस्कृति विवेकाधीन व्यवहार का मार्गदर्शन करती है और यह वहीं से शुरू होती है जहाँ कर्मचारी पुस्तिका समाप्त होती है। संस्कृति हमें बताती है कि अभूतपूर्व सेवा अनुरोध का जवाब कैसे दिया जाए। यह हमें बताती है कि क्या अपने मालिकों को अपने नए विचारों के बारे में बताने का जोखिम उठाना चाहिए और समस्याओं को सामने लाना चाहिए या छिपाना चाहिए। कर्मचारी हर रोज़ सैकड़ों निर्णय खुद लेते हैं और उसमे संस्कृति हमारा मार्गदर्शक होता है।

कंपनी संस्कृति प्रत्येक कर्मचारी के कार्य दिवस के अनुभव को आकार देती है। यह कंपनी के मिशन, मूड, मूल्यों, अपेक्षाओं, लक्ष्यों, भर्ती विकल्प और यहाँ तक की फ़्लोर प्लान

से उभरती है - वे सभी कारक, बड़े और छोटे, जो कंपनी की समग्र दिशा को आकार देते हैं। कंपनी संस्कृति यह निर्धारित करती है कि व्यक्ति कोई भी पंथ, संस्कृति, भाषा, समूह या देश का हो, लक्ष्य और उद्देश्य हर व्यक्ति का एक ही होता है, वो है "सामूहिक रूप से विकास करना"। वैसे ही भारत में रहने वालों की एक ही लक्ष्य और उद्देश्य है साथ मिल कर तरक्की करना और विश्व को फिर से ज़िम्मेदारी, जिम्मेवारी और नैतिकता का पाट पढ़ाना।

"हम अब एक वैश्विक गाँव में रहते हैं, और हम एक ही दुनिया में रहते हैं, एक परिवार के जैसा। दुनिया भर के सभी अलग-अलग स्थानों से दोस्ती और प्यार लाना और शांति से एक साथ रहना सब की जिम्मेदारी है।" --जैकी चैन (चीनी अभिनेता, सद्भावना राजदूत)

"कोई भी संस्कृति जीवित नहीं रह सकती यदि वह अनन्य होने का प्रयास करती है।" - महात्मा गांधी

"संस्कृति वह गोंद है, जो लोग को एक साथ बांधती है और यह निर्धारित करती है कि वे एक - दूसरे से कैसे संबंध रखते हैं।" – रॉन कॉफ़मैन

"सांस्कृतिक मतभेदों को हमें एक - दूसरे से अलग नहीं करना चाहिए, बल्कि सांस्कृतिक विविधता एक सामूहिक शक्ति लाती है जो पूरी मानवता को लाभ पहुँचा सकती है।" - रॉबर्ट एलन

"संस्कृति एक संगठन के लिए वैसी ही है जैसी ऑक्सीजन जीवित प्राणियों के लिए है। संस्कृति ही संगठन के दिल की धड़कन बनाती है।" - डॉ. दीप बाली

भारत की समग्र संस्कृति हमारे देश की पहचान का एक अनिवार्य हिस्सा है, और विभिन्न पृष्ठभूमि, धर्मों, पंथों, संप्रदायों और क्षेत्रों के लोग को एक साथ मिला कर एक एकीकृत शक्ति के रूप में कार्य करती है। भारतीय संस्कृति देश की समृद्ध विरासत का प्रमाण है और हमारे लोग के लिए गर्व और प्रेरणा का स्रोत है।

आज के युग में सांस्कृतिक मान को मर्यादित रखने की ज़रूरत है। इंसान को ऐसा कोई काम नहीं करना चाहिए जिससे उसके समाज की संस्कृति विकृत होती हो । धर्म या पंथ की आड़ में कोई भी ऐसा कृत्य नहीं करना चाहिए जिससे हमें शर्मिंदगी महसूस हो। हर पंथ की मुख्य शिक्षा इतना अच्छा था जिससे इंसान मोतासिर (प्रभावित) हो कर अपना लेता था। परन्तु आज ऐसा क्या हुआ जिसके करण इंसान शांति में नहीं है। सद्भावना की कमी है। आजकल मुसलमान लोग दुनिया के हर कोने में परेशान क्यों हैं? ..... क्या वजह थी, जिससे इस्लाम पूरी दुनिया में फैला था और मुसलमान लोग को खूब इज़्ज़त मिलती थी? इतिहास से पता चलता है कि लोग मानवता के मूल्यों अर्थात् मूल इस्लामी व्यवस्था से प्रभावित हो कर इस्लाम कबूल करतें थें, परन्तु आगे चल कर मुसलमान लोग मुख्य इस्लामी मूल्यों के विपरीत काम करने लगे और लोग वास्तविक इस्लाम से दूर हो गए हैं। गहन अध्ययन से पता चलता है कि आज कल मुसलमान लोग इस्लाम का स्वरूप को ही बदल दिए हैं। इस्लाम उपयोगी बनने को कहता है, परन्तु आजकल मुसलमान उपभोगी बन गया है। असली इस्लाम की संस्कृति जो पैगंबर मोहम्मद साहब ने दिया था और दिखाया था उससे आज का मुसलमान बहुत दूर निकल

गए हैं। मुख्य इस्लामी शिक्षा तकवा, परहेजगार, इंसाफ, एकता, ईमानदारी, मोहब्बत, शांति, मदद, इंसानियत इत्यादि का है। इस्लामी शिक्षा जिस को लोग संस्कृति भी कहते हैं वो कभी भी नफरत नहीं सिखाती। जिस काम से किसी दूसरे इंसान को तकलीफ हो, वो इस्लामी संस्कृति का हिस्सा नहीं है। इस्लाम में एक निर्दोष व्यक्ति की हत्या पुरे मानवता की हत्या समझी जाती है।

खलीफा हज़रत उमर राज़िउल्लाह अंहो का वाकया है। जब मिस्र का दूत हजरत उमर से जंग करने के सिलसिले में मिलने गया था। मिस्र का दूत हजरत उमर से मिलने उनके कमरा में घुसा, दूत ने देखा कि खलीफा ज़मीन में सो रहें हैं और तकिया के ज़गह में उन्होंने एक पत्थर रखा था। वो दूत ये सब देख कर अचम्भा (हैरान) रह गया था, और उसने ये देख कर अपना तलवार खलीफा के सामने रख दिया और उनका शिष्य बन गया। आया था जंग के लिए, परन्तु शिष्य बनकर चला गया। वो थी इस्लामी संस्कृति की असली रूप । मुसलमान का चरित्र ऐसा होना चाहिये कि देख कर सामने वाला मनुष्य नतमस्तक हो जाये। क्या हम सब में वो असली इस्लाम मौजूद है? उन्हीं का एक और वाकया है, एक ईद के मौका में उन्होंने अपने खजांची से कुछ पैसे उधार माँगा ताकि वो अपने बच्चे के लिए नये कपड़ा ले सके। खजांची ने पूछा किस के एवज में मैं आप को उधारी दूँ, कुछ गारंटी दीजिये। खलीफा भी असमंजस में पड़ गया। फिर उसने कहा हाँ मेरे पास तो कुछ गारंटी नहीं है और इस बात की भी कोई गारंटी नहीं की कल का दिन मैं जिंदा रहूँगा या नहीं। ये है इस्लाम की मूल्यों वाली संस्कृति। आज हम सब में ये इस्लामी संस्कृति

मौजूद है क्या? विचार करें!!!! अपने अंदर झाँके और पहचानने की कोशिश करें कि "हम कौन हैं?"।

ईमानदार लोग अक्लमंद होने के बावजूद भी धोखा खा जातें हैं क्योंकि वो अपनी तरह दूसरों को भी अपने जैसा ईमानदार होने का विश्वास कर बैठते हैं। जो मानव मनुष्य बन जातें हैं उन्हें अच्छाई नज़र अता है और जो लोग मानव रह जाते हैं, उन्हें सिर्फ बुराई नज़र आती है।

जैसा कि हम सभी जान चुकें हैं कि संस्कृति का अर्थ परिष्कृत करना होता है। इसीलिए आज पूरा विश्व भारत से प्रभावित होकर अपने आप को परिष्कृत कर रहा है। सब से ध्यान देने वाली बात ये है कि कुरान में जो **सूरह अल हुजुरात** में कहा गया है वो सऊदी अरब में नहीं दिखती है, परन्तु भारत में दिखती है तभी तो पैगंबर मोहम्मद साहब ने कहा था, उन्हें हिन्द से ठंडी हवा मिलती है। सूरह हुजुरात की 13वीं आयत है "हे मानव! हमने तुम्हें एक पुरुष और एक महिला से बनाया है, और हमने तुम्हें जातियों और कबीलों में विभाजित किया है ताकि तुम एक दूसरे से मिल सको, एक दूसरे को जान सको। अल्लाह की नज़र में तुममें सबसे श्रेष्ठ वह है जिसके पास सबसे ज़्यादा तक़वा है। अल्लाह सब कुछ जानने वाला है।" निष्कर्ष ये है, "हमें यह विश्वास दिलाना होगा कि हम अलग अलग पंथ के रूप में इस दुनिया में बिखरे हुए हैं ताकि हम एक - दूसरे से सीख सकें और अच्छे चीजों को अपना सकें और अपने मतभेदों के बीच में सुंदरता पा सकें"। कुरान की इस आयात से यह निष्कर्ष निकलता है मशहूर गाना का "मज़हब नहीं सिखाता आपस में बैर रखना, हिंदी हैं हम हिंदुस्तान हमारा"।

आज के संदर्भ में सब से ज़रूरी बातें ये है कि हम सब ये विचार करें कि कैसे भारत वासी मिल कर, अपने मिश्रित संस्कृति को संजोग कर, भारत देश विश्व को नेतृत्व करें और समाज और दुनिया में फैले अराज़कता को खत्म करें। भारत देश की संस्कृति धर्म को स्थापित करने की रही है। श्री राम जी एक वचन के चलते 14 साल वनवासी रहें। श्री कृष्ण जी अधर्मी का खात्मा के लिये पांडव के साथ युद्ध कियें। श्री गौतम बुध जी लोग का पीड़ा समझने के लिये अपना सुख सुविधा सब कुछ छोड़ कर घर से निकल गए थें। क्या हम सब मिल कर अराजकता खत्म नहीं का सकते? कुरान सूरह अल-माईदा (5:48) में अल्लाह फरमाता है कि उसने कुरान हक के साथ उतारी है, जो पहले की किताबों की पुष्टि और संरक्षक है। अर्थात् कुरान सभी धर्म ग्रंथों की पुष्टि करता है। Quran " और हमने आप पर यह किताब (कुरान) हक़ के साथ नाज़िल की है, जो इससे पहले की आसमानी किताबों की तसदीक करती है और उन पर निगरानी करने वाली है। इसलिए आप उनके बीच उसी चीज़ के मुताबिक फ़ैसला करें जो अल्लाह ने नाज़िल की है, और जो हक़ आपके पास आया है, उससे हटकर उनकी ख्वाहिशों की पैरवी न करें। हमने आप में से हर एक के लिए एक कानून और एक तरीका मुक़र्रर किया है। अगर अल्लाह चाहता, तो वह आप सबको एक ही उम्मत (एक ही दीन पर चलने वाला समूह) बना देता, लेकिन (उसका इरादा) यह है कि वह आपको उन चीज़ों में आज़माए जो उसने आपको दी हैं; इसलिए आप सब भलाई के कामों में एक-दूसरे से आगे निकलने की कोशिश करें। आप सबको लौटकर अल्लाह ही के पास जाना है, और फिर वह आपको उन बातों के बारे में बता देगा जिनमें आप आपस में इख्तिलाफ़ (मतभेद) किया करते थे"।

कुरान खुद मिश्रित संस्कृति (Composite Culture) को प्रोत्साहन करता है। कुरान के ज़रिये अल्लाह निर्देश दे रहा है कि लोग भलाई के काम करें, अच्छे कामों में एक दूसरे से आगे निकलने की कोशिश करें। यानी अच्छे अच्छे कामों में प्रतिस्पर्धा करें। अलग अलग संस्कृति के होने का ये सब फायदा है। मिश्रित संस्कृति से सभी को फायदा होता है। एक दूसरे के पर्व और त्योहार और उत्सव में छुट्टी मिलती है। एक दूसरे के व्यंजनों का लुत्फ़ उठाते हैं। एक दूसरे से अच्छे अच्छे संस्कार सिखने का मौका मिलता है। बहुत से समाधान एक दूसरे से मिल जाता है। मिश्रित संस्कृति के कारण भारत वर्ष में हम देखते हैं कि किसी का कोई काम नहीं रुकता है। एक दूसरे के साथ मिल कर कामों को बाँट लेते हैं, जिस से आम जानो को परेशानी नहीं होती है।

हम सभी देखते हैं कि अमेरिका और अन्य ईसाई देशों में क्रिसमस के समय सब कुछ बंद हो जाता है, वैसा ही इस्लामी देशों में होता है। परन्तु हमारे भारत देश में हर पर्व, त्यौहार और उत्सव में सब कुछ खुला रहता है। मुस्लिम, हिन्द, सिख, ईसाई और अन्य एक दूसरे के पर्व त्यौहार में कार्यों को बाँट लेते हैं और इस से आम जनों को राहत मिलती है। इतनी अच्छी चीजें हैं ये सब भारत देश में परन्तु हम सब अच्छी बातों को स्वीकार करने के बजाए विकृत दिशाओं में भटक रहें हैं। अब एक दूसरे के संस्कृतियों का आदर करें और एक दूसरे का पर्व त्यौहार में शामिल हो कर खुशहाली बिखेरें। संस्कृति से हमारी पहचान होती है।

निष्कर्ष यही है, यदि अपने जीवन को उपयोगी बनाना है, सार्थक करना है तो हम अपनी सृजनात्मक शक्ति को उद्‌बुद्ध

करें। अपनी रुचि अपनी प्रकृति अपनी शक्ति एवं सामर्थ्य के अनुसार किसी न किसी अच्छे कर्म को अपनी शौक बनायें और उसे पूरी ईमानदारी के साथ करतें रहें। जिस से अपनी कार्य क्षमता, सृजनशीलता को बढ़ा सकते हैं और क्रमशः समृद्ध कर सकते हैं।

अंत: हम सब मिल कर शुरू करें एक निश्चय और संकल्प लेकर कि हमें कुछ न कुछ करना है, गढ़ना है, रचना है। अपनी रचनात्मक शक्ति का उपयोग करना ही है। सर्वप्रथम संकल्प करें फिर प्रयास। ईमानदारी से प्रयास करने से हम सब अपनी संस्कृति के कुरीतियों को खत्म कर सकेंगे। जीवन को सार्थक बनाने के लिए सकारात्मक विचार एवं क्रियाकलापों को अपनाना आवश्यक है। सकारात्मकता से हमारे दृष्टिकोण भी बदल जाते हैं। जीवन और जगत के प्रति भावनाएँ बदल जाती है।

यह सत्य है कि हम जब तक जीवित हैं हमें कष्ट से मुक्ति नहीं है। वे आते हैं और आयेंगे ही, परन्तु उसे सामना करने के लिए हमारे पास युक्ति है और वो है "सकारात्मक सोच"। इसी सोच से हमारी भारत की संस्कृति पुरे विश्व में सब से अच्छी है। हमारी भारत की संस्कृति स्वर्ग के बगीचे जैसी है तरह तरह के फूल खिले हैं, अनेक पंथों के रूप में जिस से बनी है मिश्रित संस्कृति। ये स्वर्ग का बगीचा और कही नहीं नजर आता है। इसी लिए भारत महान है।

समाज ही संस्कृति को परिभाषित करता है, और धर्म को अपनी सांस्कृतिक प्रथाओं में शामिल कर लेता है। उदाहरण के लिए, इस्लाम ने महिलाओं को ऐसे अधिकार दिए हैं जो जीवन के लगभग हर क्षेत्र में पुरुषों के बराबर हैं। हालाँकि, जब इस्लामी

शिक्षाओं को अलग-अलग सामाजिक मानसिकता के अनुरूप ढालने के लिए तोड़-मरोड़ दिया गया, तो हमें 'ऑनर किलिंग' (इज्ज़त के नाम पर हत्याएँ), महिलाओं का काले कपड़े पहनना, विरासत से वंचित करना—और महिलाओं से परे—भ्रष्ट कबीलाई नेताओं की आज्ञा मानना, सामाजिक विभाजन, नस्लवाद और कई अन्य सामाजिक-सांस्कृतिक घटनाएँ दिखाने को मिलीं है।

इस्लाम एक धर्म है, और संस्कृति एक भू-सामाजिक चीज़ है। अरब संस्कृति को बढ़ावा देने के नाम पर, इस्लाम को एक ऐसे धर्म के रूप में प्रस्तुत किया जा रहा है जो कुरान द्वारा प्रदान की गई किसी भी प्रकार की सांस्कृतिक स्वतंत्रता की अनुमति नहीं देता। समाज ही संस्कृति को परिभाषित करता है, और धर्म को अपनी सांस्कृतिक प्रथाओं में शामिल कर लेता है। उदाहरण के लिए, इस्लाम ने महिलाओं को ऐसे अधिकार दिए हैं, जो जीवन के लगभग हर क्षेत्र में पुरुषों के बराबर हैं। हालाँकि, जब इस्लामी शिक्षाओं को अलग-अलग सामाजिक मानसिकता के अनुरूप ढालने के लिए तोड़-मरोड़ दिया गया, तो हमें 'ऑनर किलिंग' (इज्ज़त के नाम पर हत्याएँ), महिलाओं का काले कपड़े पहनना, विरासत से वंचित करना—और महिलाओं से परे—भ्रष्ट कबीलाई नेताओं की आज्ञा मानना, सामाजिक विभाजन, नसलवाद और कई अन्य सामाजिक-सांस्कृतिक घटनाएँ देखने को मिलीं।

कुरान, ईश्वर द्वारा निर्धारित धार्मिक कर्तव्यों (जैसे नमाज़ या दान) और सामाजिक संस्कृति (जैसे भाषा, खान-पान, कला या पहनावा) के बीच एक स्पष्ट अंतर करता है। संस्कृतियों को संरक्षित और सम्मानित किया जाना चाहिए; परंतु यदि कोई विशिष्ट सांस्कृतिक या पैतृक परंपरा अन्याय, उत्पीड़न अथवा

अंधविश्वास को बढ़ावा देती है, तो कुरान ईमान वालों से इसके स्थान पर ईश्वरीय नैतिक मूल्यों का पालन करने का आग्रह करता है।

यह हमारी ज़िम्मेदारी है कि हम अपनी-अपनी संस्कृतियों और रीति-रिवाजों को आलोचनात्मक नज़र से देखें; उनमें जो कुछ भी अच्छा है उसे अपना लें, और उन चीज़ों को छोड़ दें जो हमारी मूल संस्कृति के विपरीत हैं, अर्थात् मूल धार्मिक शिक्षा। इसका हल संस्कृति को पूरी तरह से खत्म करना नहीं, बल्कि उसमें सुधार करना है। यह पैग़म्बरी विरासत है। पैग़म्बर साहब (pbuh) ने अपनी समाज में धीरे-धीरे शिक्षा देने, नैतिक दृढ़ता और अपने निजी उदाहरण के माध्यम से सुधार किया।

संस्कृति और इस्लाम का पालन करने का अर्थ अपनी जड़ों को पहचानना है, और उन्हें शुद्ध करना। उन्हें उनके सही स्थान पर लौटाना—यानी, ईश्वरीय संदेश (वही) पर रखना, और अल्लाह की इच्छा के अधीन रहना। हर मुल्क की अपनी संस्कृति होती है जो वहाँ का geography और climate के हिसाब से बनती है, और निरंतर परिष्कृत होते रहती है।

पैगंबर मोहम्मद ने अपने विदाई भाषण में यह घोषणा की, कि कोई भी नस्ल, कबीला या जातीय समूह किसी दूसरे से श्रेष्ठ नहीं है, और सच्ची श्रेष्ठता केवल 'तक़वा' (ईश्वर-भक्ति) पर आधारित है। ईश्वर भक्ति अर्थात् मानवता की सेवा अर्थात् हर वो काम जिस से इंसानियत कायम हो, दूसरे व्यक्ति को तकलीफ नहीं हो।

रोटी का कोई धर्म नहीं होता है। इन्सान को भूख लगती है तब वो ये नहीं देखता है कि रोटी कहाँ से आ रही है, किस धर्म,

पंथ या जाती के घर से रोटी आ रही है। भूखे इन्सान को सिर्फ रोटी नजर आती है। उसी तरह सार्थक मनुष्य को संस्कृति में सिर्फ और सिर्फ अच्छाई नजर आती है, और वो संस्कृति को परिष्कृत करते रहता है।

अध्याय - 5

अनुष्ठान और रीति रिवाज़
Customs and Rituals

कुरान सूरह अल – हज (22:67) का हिंदी अनुवाद " हमने हर एक उम्मत (समुदाय) के लिए इबादत और शरीअत (आचार संहिता) का एक तरीका मुक़र्रर कर दिया है। इस लिए ऐ पैगंबर इस मामले में वे लोग आपसे झगरा न करें।

इस तरह क़ुरान के इस कथन से धर्म, पंथ और जाति के नाम पर नाहक दंगा फसाद करने वालों के सारे दरवाज़ा बंद हो जाता है। क़ुरान के इस आयत से ये पता चलता है कि भिन्न भिन्न तौर तरीके, विधि -विधान तथा नियमावली से नमाज़, प्रेयर, यज्ञ, पूजा – पाठ, हवन, आहुति आदि कोई किसी प्रकार इबादत करें, सब पूजा एक ही परम-ब्रह्म अर्थात् अल्लाह का है, ऊँ का है। अतः हर इन्सान कोई गैर नहीं।

इस्लाम केवल कुछ रस्मों-रिवाजों और नमाज़ों का समूह नहीं है। बल्कि, यह एक संपूर्ण जीवन-शैली है जो

आपको इस दुनिया की तमाम चुनौतियों का सामना करने और परलोक में सफल होने में मदद करती है। आप अपने जीवन के जितने अधिक पहलुओं में इस्लाम का पालन करेंगे, आप पाएँगे कि आपका जीवन पहले से कहीं अधिक आसान होता जा रहा है।

इस्लाम में कई अनुष्ठानों का उल्लेख है, जिस में 5 प्रमुख ये है:

- शाहदा - अल्लाह और रसूल पर विश्वास की घोषणा।
- सलात - दिन में पांच बार नमाज़ कायम करना।
- जकात - दान देने का एक रूप।
- सवम - इस्लाम में उपवास अर्थात् रोज़ा।
- हज - मक्का की तीर्थयात्रा।

कुरान सूरह आले इमरान 3:19 में इस्लाम का ज़िक्र है। इसमें कहा गया है, अरबी भाषा में अल्लाह के पास सच्चा मज़हब इस्लाम है। ये बातें तो सही है कुरान में लिखा है। परन्तु कुरान आने से पहले भी तो अल्लाह के बंदे इस दुनिया में रहते थे। अनुसंधान करने से पता चलता है कि पूरी कायनात अल्लाह ने ही बनाई है। हर चीज अल्लाह की ही है। इस्लाम का अर्थ शांति होता है, अर्थात् अल्लाह के पास शांति ही सच्चा धर्म है। कोई भी पंथ या धर्म जो शांति फैलता हो वो अल्लाह के नजदीक है। धर्म मनुष्य की पैदाइश से ही चला आ रहा है। अनुसंधान में पता चलता है कि मध्य पूर्व में पैगंबर मोहम्मद साहब के आने से पहले हर बुराई और कुरीतियाँ में घुसे हुए थे। मानवता शर्मसार हो गया था। इसीलिए पैगंबर मोहम्मद साहब को बुराई मिटाने के लिये अरब में भेजा था। इस्लाम मज़हब

की स्थापना हुई थी। कुरान में "इस्लाम" एक अराबिक शब्द है, जो अराबिक शब्द "स – ला – म" से निकला है जिस का अर्थ होता है "शांति"। इस्लाम का अर्थ है "शांति", पवित्रता, सम्पूर्ण समर्पण ईश्वर के प्रति। दूसरे भाषा में इस्लाम को किसी और नाम से भी पुकारा जा सकता है। इस्लाम वही है जो मानव प्रजाति के अस्तित्व के समय से चलता आ रहा है। इस्लाम का अर्थ "शांति" और ईश्वर के प्रति सम्पूर्ण समर्पण होता है। ये आदम के समय से चलता आ रहा है। लोग उसको किसी और नाम से पुकारते थें। पैगंबर साहब ने वही शाश्वत धर्म को फिर से अरब देश में स्थापित किया और नाम दिया "इस्लाम" का ताकी कोई फिर से वही गलती न कर सके। इस्लाम में हर रीति रिवाज़ और अनुष्ठान जो पैगंबर मोहम्मद साहब ने बताये थें, वो "एक अच्छा और स्वस्थ जीवन जीने का सही और शांतिपूर्ण तरीका" है। परन्तु दुर्भाग्य की बात यह है कि पैगंबर मोहम्मद साहब की मार्गदर्शन पर हम सब अब अमल नहीं कर रहें हैं। हम लोग उन के पैगाम को छोड़ दिये हैं और बहुत दूर निकल गाये हैं।

कुरान से सच्चाई का ज्ञान प्राप्त होने के बावजूद इस्लाम के सच्चे मार्ग का अनुसरण करने के बजाय मुसलमान अनेक अलग - अलग रास्ते अपना लिए हैं। ऐसा कुछ मुसलमानों ने बना दिया है कि मुसलमानों की मानसिकता संकृणीय हो गई है। अल्लाह के आदेशों और निर्देशों का पालन नहीं करतें हैं। अंत: अल्लाह ने मुसलमानों को छोड़ दिया है, उसके कर्मों के ऊपर। कर्म सब का हिसाब लेने में बहुत तेज है। आप से मिलने कोई आये या न आये परन्तु आप का कर्म आप से मिलने ज़रूर आयेगा।

ईश्वर की दृष्टि में ज़िन्दगी की केवल एक ही प्रणाली है, जो वास्तविकता के अनुरूप और नैतिक रूप से सही है। इसमें मनुष्य का अल्लाह को अपना स्वामी और एक मात्र पूजा केंद्र मानना है। स्वयं को पूरी तरह से ईश्वर के प्रति समर्पित करना और उनकी सेवा यानी मनुष्य का सेवा करना शामिल है। अल्लाह के सेवा का मतलब सिर्फ नमाज़ हज और पूजा पाठ नहीं है, बल्कि सेवा करने का मतलब है, हर प्रजातियों की सेवा क्योंकि हम सभी के अंदर ब्रह्म का एक छोटा हिस्सा है। इसीलिए किसी ने खूब कहा है "नर सेवा ही नारायण सेवा है"। विचार और कर्म की यह शैली ही धर्म है।

इससे यह सिद्ध होता है कि प्रत्येक युग और प्रत्येक क्षेत्र में ईश्वर के प्रत्येक पैगंबर का पंथ ईश्वर के प्रति समर्पण और मानवता वाली काम के अलावा कुछ और नहीं है, वो भी 24 x 7। इसी प्रकार, प्रत्येक दिव्य ग्रंथ, चाहे वह किसी भी भाषा में अवतरित हुआ हो और चाहे वह किसी भी समुदाय को संबोधित हो, उसमें धर्म की शिक्षाएँ समाहित है। **मानव जाति में फैले विभिन्न पंथ सच्चे और मूल धर्म में छेड़ छाड़ का परिणाम है।** अपने अधिकारों से अधिक विशेषाधिकारों की लालसा में, लोग ने सच्चे धर्म की मान्यताओं, सिद्धांतों और आदेशों को अपने स्वार्थों के अनुरूप बदल दिया है।

अरब समाज में फैली अराजकता और कुरीतियाँ को खत्म करने के लिए ही पैगंबर साहब ने इस्लाम मज़हब की स्थापना किये थें। शाश्वत धर्म की स्थापना के लिये इस्लाम मज़हब में मोहम्मद साहब ने अरब के गलत परंपराओं को समाप्त किया, कुछ परंपराओं और पुरानी प्रथाओं में सुधार किया और कुछ नई चीजों को स्थापित और लागू किये थें। पैगंबर

मोहम्मद साहब ने मुसलमानों को इस्लाम के पांच बुनियादी स्तंभों के अनुसार जीने को कहा हैं और साथ ही साथ 24 x 7 इस्लाम में रहने के लिए कहा। इनमें आस्था की घोषणा, प्रति दिन पांच बार नमाज़ कायम करना, दान करना, उपवास करना और हज करना शामिल है। परंतु उन्होंने दिन के पुरे 24 घाटों में हर काम इस्लाम अर्थात् शांति के अनुरूप जीवन यापन करने को कहा। परन्तु हम लोग ने इस्लाम को एक सिमित सीमा में बांध दिया है। जिस के वज़ह से अल्लाह हम सब से नाराज़ हो गए हैं।

पैगंबर मोहम्मद साहब pbuh के द्वारा दी गई कुछ प्रथाएँ, कुछ उपदेश और कुछ कार्य उस समय के लिये ही थे, और कुछ उस विशेष क्षेत्र के लिये ही थी। जैसे सर्दी के मौसम में लोग गरम कपड़े पहनते हैं। गर्मी का मौसम आते ही सर्दी वाले कपड़े बक्से में रख दिए जाते हैं। परन्तु कपड़ा पहनना हर मौसम में ज़रूरी होता है। वैसे ही कुछ रीति रिवाज़ और कुछ उपदेश किसी खास वक्त और खास जगह और खास समय के लिए होते हैं। और कुछ हमेशा के लिये है, जो शांति और अच्छी ज़िन्दगी के लिए ज़रूरी है और उसको दुनिया के हर जगह पर माना जाता है, और किया जाता है। कुछ बातों के अलावा उन्होंने हमेशा के लिए वैश्विक शांति, सद्भाव, स्वस्थ, पर्यावरण संरक्षण का भी संदेश दिये थें। पैगंबर साहब के कुछ उपदेश अन्य समय और दुनिया के अन्य हिस्सों पर लागू हो जरूरी नहीं हैं। उदाहरण के लिए सफेद और ढीले कपड़ों का उपयोग मूल रूप से अरब में था और आज भी है, क्योंकि उस क्षेत्र में गर्म जलवायु है। भीषण गर्मी से सिर ढकने के लिए कपड़ा, टोपी या पगड़ी का प्रयोग करते हैं। अरब की संस्कृति

वहां के पर्यावरण और माहौल के हिसाब से बनी थी और वो संस्कृति आज भी कायम है। उस संस्कृति को हम सब इस्लाम की संस्कृति नहीं बोल सकते हैं। कुछ संस्कृति और कुछ गलत परम्परा जो पैगंबर मोहम्मद साहब के आने से पहले से था वो संस्कृति आज फिर से अरब में कायम होते जा रही है। और दूसरे मुल्कों में फैलते जा रही है । उसको हम इस्लाम की संस्कृति नहीं बोल सकते हैं । उत्तरी ध्रुव (Artic circle) के आस पास में रहने वाले मुसलमान, अरब में पहने जाने वाले पोशाक नहीं पहन कर रहा सकते हैं, इससे हमें पता चलता है कि मज़हब की पहचान कपड़ों से और रंग से नहीं हो सकती है। इस्लाम न ही कोई संस्कृति है और न ही कोई सभ्यता है बल्कि इस्लाम सिर्फ शिक्षा है शांतिपूर्ण जीवन के लिये।

अरब में ऊंटों का इस्तेमाल इसलिए किया जाता था और किया जाता है क्योंकि रेगिस्तान में ऊंट हर काम के लिए सबसे उपयुक्त और उपयोगी जानवर होता है। प्राचीन काल खंड के दिनों में कोई भी पंथ का व्यक्ति होता था, उस समय पुरुष की कई पत्नियां हुआ करती थी, क्योंकि लड़की की अनुपात पुरुष से अधिक होता था। कारण है कि उस समय गर्भपात नहीं हो पाती थी। पैगंबर मोहम्मद साहब (pbuh) के जन्म से पहले अरब में ज्यादातर बच्चियों को जिंदा दफना दिया जाता था। इसीलिए उस समय को ज़हालत का दौर कहा जाता था। लड़कियों और औरतों के साथ बहुत बुरी तरह बर्ताव किया जाता था। पैगंबर मोहम्मद साहब ने लड़कियों और औरतों के सम्मान और अधिकार की स्थापना की। उस समय लड़कियों की जन-संख्या ज्यादा होती थी, इसलिए लड़कों एक से अधिक शादी करते थे। वर्तमान में दुनिया

इतना विकसित हो गई है की हर मजबूरियाँ का समाधान उपलब्ध है।

साथ ही कुछ रीति रिवाज हर जगहा सामान्य रूप से अख्तियार (लागू) नहीं हो सकती है। कारण अनेक है। एक कारण है कि धरती में अलग-अलग जगहों पर तापमान में अंतर होता है। अलग - अलग अक्षांश altitude क्षेत्र में सुबह से शाम तक के घंटों में अंतर होता है। अलग - अलग अक्षांश altitude क्षेत्र में समय सीमा अलग होता है, मौसम अलग अलग होता है। रमजान का ही उदाहरण लें। रमजान में मुसलमान सुबह से शाम तक रोजा रखते हैं। इसका उद्देश्य गरीब लोग के दर्द को महसूस करना, खाद्य पदार्थों के मूल्य को समझना, खाद्य पदार्थों को भविष्य के लिए बचाना और सेहत में लाभ ही लाभ। लगभग 12-13 घंटे उपवास करना वैज्ञानिक रूप से हमारे शरीर से कई प्रकार के रोगों को दूर करता है। उपवास हमारे शरीर और आत्मा को शुद्ध करती है। वैज्ञानिक कहतें हैं, कि लगभग 21 से 30 दिनों तक रोजाना 12 से 13 घंटे लगातार भूखा रहने से शरीर के अंदर की गले साडे कोशिकाओं को हमारे शारीर के अंदर के सूक्ष्म जीवों (कीटाणु) खा जातें हैं और कई रोग को दूर करतें हैं। आम तौर पर सऊदी अरब में सुबह से शाम तक लगभग 12 घंटे से 13 घंटे के आसपास का अंतर होता है। इसलिए पैगंबर मोहम्मद साहब ने अरब में सुबह से शाम तक उपवास करना अनिवार्य कर दिये थें।। लगभग 12 - 13 घंटे की समय सीमा अरब में सुबह से शाम के समय के साथ मेल खाती है और पृथ्वी के समान अक्षांश altitude के अनुसार यह समान अक्षांश के क्षेत्रों के बीच के विश्व भागों पर लागू होती है। सुबह DAWN से

शाम DUSK के बीच की समय सीमा के लिए। अर्थात् रमजान Ramazan का रीति रिवाज़ केवल एक विशेष अक्षांश के बीच रहने वाले लोग पर लागू होता दिख रहा है। 0 डिग्री से अधिकतम 30 - 35 डिग्री अक्षांश altitude उत्तर और 30 से 35 डिग्री अक्षांश lattitude दक्षिण तक संभव लगता है। इस अक्षांश के ऊपर सुबह DAWN से शाम DUSK के बीच का समय धीरे-धीरे असामान्य रूप से उच्च होता जाता है और 15 घंटे से 20 घंटे और आगे 22 घंटे तक अलग अलग अक्षांश में बढ़ जाता है। उत्तरी धुर्व आर्कटिक सर्किल Artic circle और दक्षिण धुर्व अंटार्कटिका सर्किल Antarctika circle के आस-पास कई स्थानों पर सुबह DAWN और शाम DUSK के बीच की अवधि 24 घंटे से कई गुना अधिक भी होती है। कुछ जगहों पर दिन और रात के बीच का समय हफ्तों और महीनों तक भी चला जाता है। तो सवाल यह उठता है कि उस इलाके में रहने वाले इंसान रोजा कैसे रखेंगे?

अनुसंधान से निष्कर्ष यह निकलता है कि धर्म, मज़हब या पंथ की कुछ अनुष्ठान और रीति - रिवाज rituals and customs केवल विशेष क्षेत्र और विशेष स्थानों के लिए होता है। रीति-रिवाज़ संस्कृति का अहम् हिस्सा होता है। परन्तु विज्ञान के अनुसार दूसरे जगहों में भी लगभग १२ से १४ घंटा का रोजा रखा जा सकता है। क्योंकि यह स्वस्थ जीवन के लिए और मानव जाति की भलाई के लिए है। धर्म, मज़हब या पंथ की कट्टरता किसी भी सूरते हाल में जायज़ नहीं है । धर्म का मुख्य उद्देश्य किसी को चोट पहुँचाए बिना अच्छा जीवन जीने का है। सभी पैगंबरों का उद्देश्य इंसानियत वाली काम को फैलाना था। मानव जाति कि आवश्यकताओं के अनुसार,

शांतिपूर्ण और सुखी जीवन जीने के लिए वैज्ञानिक रूप से सही और सभी अनुष्ठानों का अभ्यास करना सिखाया था। प्रथा और अनुष्ठान केवल मानव जाति की भलाई के लिए गतिविधियाँ हैं। यदि कोई भी कार्य जो मानवता को हानि पहुँचाता है या मनुष्य के लिए खतरा है, तो धर्म के अनुसार वह गतिविधियाँ पाप है। दूसरी ओर यदि कोई गतिविधि जो बुराइयों को मिटाता है, मानवता को फैलाता है, जीवन बचाता है, वह एक धर्म की प्रथा है। अर्थात् हर अच्छा कार्य और कर्म ही धर्म है।

सभी अच्छे कार्यों और प्रथाओं का पालन मानवता के कानून के अनुसार ही किया जाता है। प्रभु सबके हृदय में वास करता है। यदि कोई कर्म करते वक्त, हृदय में कुछ गलत बोध आता हो और हृदय कहे कि वह कार्य बुरा और गलत है, तो यह पाप है, जो धर्म के खिलाफ है। दूसरी ओर यदि प्रभु के सम्मुख अच्छे कर्मों या कृत्यों से आपका हृदय प्रसन्न और संतुष्ट होता है, तो वह धर्म है। कुछ लोग दूसरे लोग से छिपकर कई बुराइयाँ और भ्रष्टाचार करते हैं। उन लोग के दिल में एक पल के लिए खेद या अपराध बोध की भावना आती ही है। क्यों आती है? क्योंकि परमात्मा का वास हम सबके भीतर मौजूद है। जब हमारे अंदर का ज़मीर मर जाती है, तब हम उस आवाज को सुन कर भी नज़र अंदाज कर देते हैं।

इस्लाम की शुरुआती दौर में मुसलमान उस समय के हिसाब से काफी विकसित थें, क्योंकि उस समय के मुसलमान लोग इल्म अर्थात् तालीम के नजदीक थें। बगदाद के विश्वविद्यालय को बैत अल हिकमा अर्थात् हाउस ऑफ़ विजडम house ऑफ़ wisdom कहा गया था। बैत अल हिकमा ने यूरोपीय पुनर्जागरण को प्रभावित किया था । जब कुछ

मुसलमानों को अपने विश्विद्यालयों के ऊपर घमंड हुआ था, जिस के चलते भारत के नालंदा विश्वविद्यालय को जला कर खत्म कर दिया गया था। तभी कुछ समय बाद ये गलत कर्म के चलते मुसलमानों को भी नालंदा विश्वविद्यालय से बुरा हस्र देखना पड़ा, और इल्म मध्य पूर्व से निकल कर पछिम के तरफ चली गई थी । चंगेज खा (Genghis Khan) असली नाम तेमुजिन का भतीजा हलाकू खा ने मुसलमानों की तरक्की की जगह बैत अल-हिकमा—House of Wisdom—को बर्बरता से खत्म कर दिया था। सिर्फ ये ही नहीं भाग्दाद शहर को पूरी तरह नष्ट कर दिया था। वहाँ रह रहें लोग को भी मार दिया गया था। लोग और जानवरों के सड़े गले टुकरों की बदबू से हलाकू खा का सैनिक सब शहर छोड़ कर भागने पर मजबूर हो गया था। और वहीँ से मुसलमानों की तरक्की खत्म हो गई, क्योंकि बैत अल हिकमा के साथ साथ इस्लाम के आलिम और रहबर को भी हलाकू खान ने खत्म कर दिया था। जो बचा था वो पछिम के तरफ भाग गया। नतीजा मुसलमान लोग तालीम से दूर हो गए।। सही रहबर नहीं रहने के चलते अलग अलग जगह मुसलमान अपने हिसाब से रहने लगे और इस्लाम को जैसे चाहा इस्तेमाल करने लगा। बाद में जो खलीफा बने वे सिर्फ अपने साम्राज्य को बढाने में लगे रहें। मौलाना अपना और राजा के मर्जी से नई नई चीज़ें इस्लाम के अंदर डाल दिया। कुछ लोग मज़हब को एक tool - kit के तरह इस्तेमाल करने लगे। उसी वक्त से विकृति शुरु हो गई। अरबी शब्दों को घुमा फिरा कर अपने फ़ायदा के लिये इस्तेमाल करना शुरू कर दिया गया।

फिर आई विश्व में औद्योगिक क्रांति, परन्तु सही रहबर नहीं रहने के करण मुसलमान अपने आप को एक सिमित छेत्र में

बंद कर लिया। कुछ मुसलमान प्रभावशाली लोग ने सोचा कि अगर वे मुसलमानों को विकसित होने देंगे और समय के अनुसार नई विकास को अपनाएंगे तो उनका प्रभाव कम हो जाएगा। इसलिए उन्होंने उन सभी चीजों के खिलाफ फतवा देना शुरू कर दिया जो मुसलमानों को विकास के रास्ते में आगे बढ़ा सकता था। पुरानी परंपराओं, रीति-रिवाजों और पुरानी शिक्षाओं के प्रति सख्त रहें । यहाँ मैं एक उदाहरण देता हूँ। कुछ दशक पहले मौलाना और मुफ्ती इंसानों के फोटो बनाने के खिलाफ फतवा देते थें । क्या वर्तमान समय में कोई भी इंसान तस्वीरों (फोटो) के खिलाफ फतवा को सही ठहरा सकता है? क्या स्वयं के फोटो के बिना हज पर जाना संभव है? क्या बैंक में कोई खाता खुलवाना संभव है? बिना फोटो के कोई पहचान पत्र बनाना संभव है, क्या? तस्वीरें बस एक छोटी सी उदाहरण है। यदि आप वास्तव में इसमें गहराई से सोचते हैं, तो आप समझ पाएंगे कि सभी मुसलमान लोग ऐसे फतवा के कारण पिछड़ते जा रहें हैं।

एक ताज़ा उदाहरण है अनारोइड मोबाइल फ़ोन का और लैप टॉप का। शुरू में कुछ खास मुसलमान इस का बहुत ज़ोर से विरोध किया था। परन्तु कोविड- 19 के बाद क्या आज ऐसा कोई फतवा फिर से मोबाइल फोन के बारे में दे सकता है? आज हर इंसान की ज़रूरत बन गयी है मोबाइल और लैप टॉप क्योंकि पढ़ाई के लिए और ऑनलाइन पढ़ाई के लिए ये दोनों बहुत ही ज़रूरी है। हाँ, यह बात सच है कि कुछ गलत चीजें भी मोबाइल में और लैपटॉप से की जा सकती है। इस के बारे में यह कहा जा सकता है कि आप अपने बच्चों का परवरिश सही से करें तो बच्चे गलत चीजों से दूर रहेंगे।

परवरिश और माहौल के हिसाब से बच्चे बनते हैं और बिगड़ते हैं। यह हर जगह देखा जा सकता है। जो मौलाना मोबाइल के बारे में फतवा दे रहें थें, वे लोग ही अभी you-tube में विडियो डाल रहें हैं और सभी से आग्रह कर रहें हैं कि उन्हें like करें और subscribe कीजिये।

इस दुनिया के विभिन्न हिस्सों में इस्लाम की प्रथाओं में अंतर आसानी से देखा जा सकता है। इस प्रकार निष्कर्ष निकाला जा सकता है कि कोई भी रीति-रिवाज और कर्मकांड जो स्वस्थ, मानवता और पर्यावरण के लिए अच्छे हैं, वही धर्म और मज़हब का अंग हो सकता है। कोई भी रस्म या रीती रिवाज जो इंसानियत के खिलाफ हो या फिर किसी भी इंसान को नुकसान पहुँचाता हो वो अधर्म है।

निष्कर्ष ये निकलता है कि पोशाक और अनुष्ठान हर जगह पर एक नहीं हो सकते हैं। कुछ समानतायें के साथ साथ भिन भिन प्रकार के भी हो सकते हैं। धर्म का भीतरी गुण और बाहरी गुण, कर्मकाण्ड, निष्ठा, पोशाक और अनुष्ठान सिर्फ और सिर्फ मानवता के लिए ही है । धर्म में कट्टरता की कोई जगह नहीं है।

पोशाक प्रायः धर्म से नहीं, स्थान और ऋतु से सम्बन्ध होता है। गर्म मुल्क अरब में पहनी जानी वाली पोशाक और ठंडे मुल्क इंग्लैंड में पहने जाने वाली पोशाक में अंतर होती है। फिर जाड़े में और गर्मी में पहनने जाने वाली पोशाकों में भी अंतर होता है। स्त्रियों के लिये पर्दा – प्रथा उस जमाने की बात थी, जब समाज में कानून – व्यवस्था में अराजकता की स्थिति कायम थी। स्त्रियों का स्थान घर की चारदीवारी के भीतर होती

थी और पुरुषों का बाहर होता था। आज वह व्यवस्था चल नहीं सकती। किन्तु स्त्रियों अनावश्यक अंग प्रदर्शन क्यों करें? यह तर्क ठीक नहीं है कि स्त्रियों का शरीर उनका अपना शरीर है। यह तर्क ठीक नहीं है, क्योंकि शरीर सहित हम सभी स्त्री हों या पुरुष एक समाज के हिस्से है, और हमें सामाजिक अनुशासन का पालन करना चाहिए। अंग प्रदर्शन आधुनिकता नहीं है, यह तो पिछड़पन है। क्या हम पशुओं की तरह नंगा रहना चाहते हैं। ज़बरन पर्दा प्रथा भी सामाजिक अनुशासन न होकर पिछड़ापन ही है। क्योंकि यह स्त्रियों को भोग का सामान समझ कर उसे सुरक्षित रखने की दकियानूसी प्रथा का अवशेष मात्र प्रतीत होता है। आज सभ्य समाज में सभ्य पोशाक पहन कर अपने आप को अनुशासित कर सकते हैं जिस से दूसरे लोग बहुत ही इज्जत की निगाह से देखते हैं।

निष्कर्ष ये निकलता है कि हमें कट्टरता से दूर होना है। पैगंबर मोहम्मद साहब के कहे अनुसार सही इल्म हासिल करने का प्रयास करना चाहिये, ताकि हम समझ सकें कि "हम कौन है?"। हमें अपने आप को पहचान कर हम सब के अंदर के ज़मीर को जागना है। हमारे रीति रिवाज़ में जो कुरीतियाँ घुस गई है उस को सुधरने का प्रयास करें। जैसे हवा को नहीं बंधा जा सकता है, वैसे ही रंग, पोशाक और खान पान को किसी खास मज़हब या पंथ से नहीं बंधा जा सकता है। हरा मुसलमान का है, और भगवा हिन्द का है, ये सब विकृत सोच है। दुनिया की सारी चीजें ईश्वर ने बनाई है, वो हर इंसान के लिए हैं। दुनिया में जो भी चीज है, वो सब प्रजातियों के द्वारा इस्तेमाल करने के लिये है। हर चीज का उपयोग खुशहाल ज़िंदगी जीने के लिए किया जाना है। हर पोशाक, अनुष्ठान और

रीति-रिवाज़ इंसानों की खुशहाली के लिए है। जो अनुष्ठान और रीति रिवाज़ इंसान और मानवता के खिलाफ है वो कुरीति है उसको खत्म करने का प्रयास करना है। प्रयास करने से हम लोग के अंदर जो कुरीतियाँ और बुराई घुस गई है उससे छुटकारा मिल जायेगा और अल्लाह हम सब से फिर से खुश हो जायेंगे और अपना आशीर्वाद देने लगेंगे।

वर्तमान समय में हम उपयोगी बनने को छोड़ कर उपभोगी बन गये हैं। अर्थात् हम सब पहले मानव से मनुष्य बने थें, और अब फिर से मानव बन गये हैं, हम सब ने देखा है कुछ दशक पहले हर मोहल्ला और क़स्बा में एक दो पुस्तकालय होती थी। हम सब उपयोगी बनने का प्रयास करतें थें। परन्तु वर्तमान समय में सभी पुस्तकालय लग भाग बंद हो गई है, और जो है भी उस में पुस्तकें नाम मात्र का बचा है। परन्तु वर्तमान समय में हम सब पाते हैं कि खाने-पिने की दुकानें हर गली, मोहल्ला में खुल गई हैं। कुछ सोचने से और विचार करने से हम पाते हैं कि आज कल हम सब दिमाग को बढ़ने के बजाई अपने पेट को बढ़ा रहें हैं। पुस्तकालयों का वजूद खत्म होते जा रही है। उन पुस्तकालयों की ज़गह को व्यापार के लिये इस्तेमाल करना शुरु कर दिया गया है। अब वक्त आ गया है कि हम सब मुसलमान संकृणीये मानसिकता से बहर निकले और अपनी बुद्धि का सही सही इस्तेमाल करने का प्रयास करें। अपनी कर्मों से अपनी मज़हब के साथ साथ अपनी मादरे वतन भारत का नाम रौशन करें।

कुरान सूरह अल-अराफ (7:199) में अल्लाह कहता है "क्षमा की नीति अपनाओ और भलाई का हुक्म देते रहो और

अज्ञानियों से किनारा खींचो। यह आयत जीवन में मूर्खता पूर्ण बातों से दूर रहने का संदेश देती है।

हमारी रीति रिवाज़ जिस को सृजन किया जाता है, और कुछ अर्जित किया जाता है वो हमारी संस्कृति बन जाती है। वर्तमान समय में पाया गया है कि धीरे धीरे हम सभी के अनुष्ठानों में और रीति रिवाजों में कुछ विकृतियाँ घुस गई है, जिस से हम लोग की संस्कृति प्रभावित हो रही है। ये विकृतियाँ इतनी बढ़ते जा रही है कि हर समाज और परिवार को प्रभावित कर रही है। कभी कभी देखा गया है कि खेल खेल में मौज मस्ती के लिये कुछ रीति रिवाज़ को इस्तेमाल किया जाता है और ये धीरे धीरे अनुष्ठान में बदल जाती है। गैर जिम्मेदार लोग उसको परंपरा का नाम दे देते हैं। कुछ नसलों के बाद वो परंपरा संस्कृति का रूप ले लेती है । ये स्पंदन है । दुनिया बदलते जा रही है, हम सब इस बदलाव का अभिन्न अंग हैं, इसलिए हमें प्रयास करना चाहिए कि जो भी बदलाव आये उस में मानवता का सार हो और ईश्वारिए तत्व से युक्त हो।

दैनिक जीवन में सकारात्मक विचार, रीति-रिवाजों और परंपराओं को शामिल करने से व्यक्ति का आध्यात्मिक जुड़ाव गहरा हो सकता है और उनमें सामुदायिक भावना विकसित हो सकती है।

ॐ
786

अध्याय - 6

"ओम" और "786" के बीच संबंध

प्रतीक "ओम" "ईश्वर की ध्वनि" है। अ-उ-म (AO-YU-M) के रूप में उच्चारित "ओम" ब्रह्मांड की पवित्र ध्वनि है, जो अपने भीतर सभी ध्वनियों को समाहित करती है और इससे सभी ध्वनि उत्सर्जित होती है। इसका उपयोग परम सत्य को याद करने में किया जाता है। "ओम्" ध्वनि सृष्टिकर्ता की ध्वनि है। सब कुछ इससे उत्पन्न हुआ है। उपनिषद का दावा है कि ध्वनि के रूप में "ओम" वास्तव में "ईश्वर" ही है। यह एक सर्वोच्च शक्ति का प्रतीक है। इस मौलिक ध्वनि से अन्य सभी ध्वनियाँ और रचनाएँ निकली है, वह सर्वोच्च सत्ता का प्रतीक है। इसकी शुरुआत निर्वात यानी वैक्यूम (Vaccum) से हुई मतलब जब कुछ भी नहीं था, मतलब शून्य, सिर्फ निर्वात अर्थात् वैक्यूम (vaccum) था। फिर निर्वात में "ओम" ध्वनि गूंजी। "ओम" वह पवित्र ध्वनि है जिसने ब्रह्मांड के निर्माण की शुरुआत की।

"ओम" निराकार है। मुसलमान निराकार ईश्वर को अरबी भाषा में "अल्लाह" के नाम से पुकारतें हैं। इसे संस्कृत में

"ओम" कहा जाता है। "ओम" की कोई मूर्ति नहीं है, और ना ही किसी अन्य से कोई समानता है। यही सच्चाई और तथ्य हैं, सच को दबाया जा सकता है, किन्तु मिटाया नहीं जा सकता। इसका एहसास तभी हो सकता है, जब कोई व्यक्ति मानव से मनुष्य बने और सिर्फ सच्चे इंसान की तरह सोचना शुरू कर दे। ये बातें उन व्यक्तियों को समझ में नहीं आ सकती जो सिर्फ अपने आप को, अपने मज़हब को और अपने संप्रदाय को सर्वोच्च समझता या मानता है। "ओम" इस ब्रह्मांड की शुरुआत से ही सर्वोच्च शक्ति है और इस ब्रह्मांड के अंत तक रहेगी। यदि शब्द "ओम" को कुछ 90 डिग्री में घुमा दिया जाए तो यह अरबी शब्द "अल्लाह" जैसा ही दिखती है।

Om Allah

सब कुछ "अल्लाह" / "ओम" के द्वारा ही बनाया गया है, और ब्रह्म तत्व सब के आत्मा में मौजूद है। दोनों शब्द एक ही है, वह सबके अंदर और बाहर है, हर चीज़ में है, वह सब पर है। "अल्लाह" एक ऊर्जा है। ऊर्जा को न तो बनाया जा सकता है और न ही नष्ट किया जा सकता है। परन्तु ऊर्जा को रूपांतरित किया जा सकता है। हम अपनी आँखों से जो कुछ भी देखते हैं, वह ईश्वरीय ऊर्जा ही है। किसी ने खूब कहा है "जर्रे जर्रे पे खोदा का नूर नज़र आता है"।

"अल्लाह" सर्वशक्तिमान अदृश्य सर्वोच्च शक्ति है। तथ्य यह है कि मुसलमान सर्वोच्च शक्ति को "अल्लाह" के नाम से पुकारते हैं और सनातनी इसे "ओम" के नाम से पुकारते हैं।

विभिन्न संप्रदायों की प्रथाएं और रीति-रिवाज अलग-अलग हो सकते हैं, लेकिन सच्चाई यह है कि सभी प्राणी एक ही सर्वशक्तिमान ईश्वर की रचना हैं। सभी प्राणी एक ही सर्वशक्तिमान परम परमेश्वर की ही पूजा करतें हैं, पूजा पद्धिनी अनेक प्रकार का है । अलग अलग पंथों में अलग अलग माध्यम से परम पुजनिये परमेश्वर तक पहुँचने का रास्ता है।

गायत्री मंत्र के आरम्भ में ॐ (ओम प्रणव) का उल्लेख है, प्रणव का अर्थ है, विशेष रूप से सदा नया बना रहना। दूसरे अर्थ में इसी को कहा जाता है "नित्यनूतन"। जो पल भर के लिये भी पुराना नहीं होता। अरबी भाषा में इसी को कहा जाता है "ह्य्युकय्यूम" यही अल्लाह की मुख्य विशेषता है।

786 का महत्व

मिस्र के मुसलमान 786 के महत्व से अवगत नहीं हैं और ना ही जानते हैं, हालाँकि, यह दक्षिण एशिया के मुसलमानों में पवित्र माना जाता है। कुछ लोग इसे एक भाग्यशाली संख्या बताते हैं, जबकि कुछ का दावा है कि इसका मतलब "बिस्मिल्लाह" होता है। दरअसल, भारत में मुसलमानों के अंदर "786" संख्या को प्रतीकात्मक माना जाता है। लेकिन अभी तक इस संख्या की उत्पत्ति के बारे में कोई नहीं बता पाया है। दरअसल, कुरान में भी इसका जिक्र नहीं है. लेकिन हम अभी भी 786 को एक पवित्र संख्या मानते हैं।

786 की उत्पत्ति

हालाँकि इस्लाम में संख्या "786" के महत्व का कोई प्रमाण नहीं है, फिर भी मुसलमान 'बिस्मिल्लाह अल रहमान अल रहीम'

अनुवाद "शुरू करता हूँ अल्लाह के नाम से जो बहुत मेहरबान और रहम दिल वाला है" के स्थान पर इस संख्या का उपयोग करने की प्रवृत्ति का पालन करते हैं। ऐसा कहा जाता है कि अगर 'बिस्मिल्लाह अल-रहमान अल-रहीम' को अरबी में लिखा जाए, तो इन अक्षरों का योग 786 होता है, इसलिए लोग संख्यात्मक विकल्प के रूप में 786 का उपयोग करते हैं। हालाँकि इस्लाम में अंक ज्योतिष वर्जित है, लेकिन लोग ने अरबी अक्षरों में क्रम संख्या जोड़कर इसे इस्लाम में पेश किया है। दरअसल इस्लाम में कई चीजें प्रतिबंधित है, क्योंकि पैगंबर मोहम्मद साहब ने कई ऐसी चीजें देखीं जिनका लोग ने गलत इस्तेमाल करता था, जो मानवता के खिलाफ उपयोग किया जाता था, और उन सभी अमानवीय चीजों से इंसानियत को नुकसान होता था। इसलिए पैगंबर मोहम्मद साहब ने उन चीजों पर रोक लगा दी थी। जिस तरह शराब पीने से इंसान अपना नियंत्रण खो देते है और गैर इंसानियत वाली काम करने पर मजबूर हो जातें है। उसी तरह अंक शास्त्र उन दिनों अरबी लोग हिसाब-किताब करते थे और उससे और उस पर ऐसे काम करते थे जो मानवता के खिलाफ था। साथ ही वे इसके जरिए काला जादू भी करते थे जो दूसरों को नुकसान पहुँचाता था और मानवता के खिलाफ था। इसीलिए बहुत सारी चीजें पैगंबर साहब ने रोक दिया था जिनका इस्तेमाल करने से इंसान को नुकसान होता था।

786 का हिंदू धर्म से संबंध

वैदिक धर्म अनुयायियों के अनुसार, संख्या "786" का अर्थ "ओम" है। इसका संबंध "कबाला" से है। "राफेल पटाई" Rafel patai अपनी पुस्तक 'द ज्यूइश माइंड' the Jews mind में "तंत्र" और कबाला के बीच समानता बताते हैं, इस विचार का समर्थन करने के लिए सबूत मौजूद है कि प्रारंभिक कबालीवादियों और तांत्रिकों के बीच संचार व्यावास्ता था। यहूदी कबाला गूढ़ शिक्षाओं का एक समूह है जिसका उद्देश्य अपरिवर्तनीय, शाश्वत ईश्वर - रहस्यमय ईन सोफ द इनफिनिट") और नश्वर, सीमित ब्रह्मांड (ईश्वर की रचना) के बीच संबंध को समझाना है। यह यहूदी धर्म के भीतर रहस्यमय धार्मिक व्याख्याओं की नींव बनाता है।

यदि "ओम" को अरबी भाषा में उलटा अंक से पढ़ा जाए, तो अरबी का अंक 7, 8 और 6 जादुई रूप से प्रकट होते हैं!

"786" को प्रतीकात्मक प्रतिनिधित्व माना जाता है लेकिन इस्लामी विद्वान अब तक यह नहीं बता पाए हैं कि "786" "इस्लाम" में क्यों, कब और कैसे आया है। ऐसा लगता है कि यह "नमाज़" शब्द की तरह है जो संस्कृत शब्दों "नमः" और "आज" से लिया गया है। "नमः" शब्द का अर्थ है "सम्मान के साथ झुकना", स्तुति करना, आशीर्वाद मांगना। "अज" शब्द का अर्थ सर्वोच्च शक्ति "ईश्वर"। अरबी में नमाज़ के लिए शब्द "सलाह" है। भारत में मुसलमानों के पूर्वजों ने मुसलमानों की सबसे प्रतिष्ठित पूजा जो इस्लाम का आत्मा है उस में अपनी पूर्वजों की पुरानी भाषा "संस्कृत" के सबसे शुभ और उच्च शब्द को उसके शुद्ध रूप में रखा है, जिसे नमाज कहा जाता है। वस्तुतः भाषा तो संचार का एक माध्यम मात्र है। हम यह भी जानते हैं कि मातृ भाषा से प्रेम सभी मनुष्यों का स्वाभाविक गुण है। हमारे पूर्वजों ने अपनी धरती और मातृ भाषा से प्यार

करते थे और इसलिए सर्वोच्च प्रार्थना के लिए इस्लाम के अंदर संस्कृत भाषा के शब्द का इस्तेमाल किये थें।

हिब्रू बाईबिल के शब्दों में "जेमट्रिया" है, जो अंकशास्त्र का एक यहूदी रूप है, जिसमें हिब्रू वर्णमाला के अक्षरों को संबंधित संख्याओं के साथ प्रतिस्थापित किया जाता है। इस गणना के साथ 786 = ישועת येशुअत मुक्ति और 786 = תושעי Tosh'aai = बचाने के लिए। 786 के जेमट्रिया के साथ सभी बाईबिल हिब्रू शब्द 50 शब्दों के बराबर हैं। अब तक सबसे अधिक उपयोग किए जाने वाले शब्द मुक्ति (बुराई की शक्ति से बचाया जाना) और बचाने को दर्शाने वाले शब्द के रूप है। संख्या 786 हिब्रू में मुक्ति का नाम है - यीशु का नाम जो बुराई से मुक्ति का परम रक्षक और स्वभाव है। 786 का योग कुल 21 होता है, जिसे बाईबिल में शुभ माना जाता है। जैसा कि बाईबिल में बताया गया है कि मां के गर्भ में बच्चे का प्रारूप (पीनियल ग्रंथि) बनने में 21 दिन लगते हैं, जो वही बिंदु है जहां तीसरी आँख चक्र का संकेत मिलता है, जहां मानव चेतना निहित है।

इसलिए यह निष्कर्ष निकाला जा सकता है कि चाहे कोई किसी भी पंथ का मानने वाला हो, संख्या को सभी के लिए पवित्र और भाग्यशाली माना जा सकता है।

ऐसा कहा जाता है कि कुछ अंक उचित तरीके से उपयोग किए जाने पर सकारात्मक ऊर्जा प्रसारित करते हैं, 786 को उनमें से एक माना जाता है क्योंकि यह संख्या भाग्य और समृद्धि से संबंधित है। इसलिए इसका उपयोग घरों, वाहनों पर व्यापक रूप से किया जाता है, लोग विशेष रूप से मुस्लिम इसका उपयोग करते हैं, शादी के कार्ड पर नंबर, लोग इस

नंबर से लॉटरी टिकट खरीदते हैं। यहां तक कि 786 नंबर वाले करेंसी नोटों को भी एक बेशकीमती संपत्ति माना जाता है, जिसे या तो भाग्य और समृद्धि के लिए संजोकर रखा जाता है। यह प्रीमियम कीमत पर बेचा जाता है।

हिंदू धर्म के अनुसार 786 का अर्थ है "त्रिमूर्ति" जो ब्रह्मा, विष्णु और महेश्वर का प्रतिनिधित्व करता है। सनातन धर्म में 3 लोक हैं: स्वर्ग लोक (स्वर्ग), पृथ्वी लोक (पृथ्वी) और पाताल लोक (पृथ्वी के नीचे)। स्वर्ग में इंद्र देव रहते हैं उसका संबंध 7 नंबर से है। यह भी सभी मानते हैं कि जो इंसान अच्छे कर्म करेगा उसे स्वर्ग में जगह मिलेगी। पृथ्वी लोक का अर्थ है 8 और पाताल लोक का अर्थ है 6। इसलिए 786। इस्लाम यह भी कहता है कि 7 आकाश हैं और 7 आकाश के ऊपर स्वर्ग है और उसके ऊपर ईश्वर का वास है।

यह भी ध्यान देने वाली बात है कि हिंदू धर्म में 786 अंक का संबंध भगवान श्री कृष्ण से भी है। श्री कृष्ण बांसुरी बजाते थे जिसमें 7 छेद होते थे और वह अपनी छह अंगुलियों से बांसुरी बजाते थे और वह अपने माता - पिता की 8वीं संतान थे।

लगभग सभी व्यक्तियों का मानना है कि संख्या 786 वास्तव में भारतीय उप महाद्वीप में मुसलमानों के लिए एक महत्वपूर्ण संख्या है। लगभग सभी मुसलमान अपनी कार के नंबर, मोबाइल नंबर और घर के नंबर आदि में 786 चाहते हैं। अरबी वर्णमाला के प्रत्येक अक्षर का एक संख्यात्मक मान होता है। दूसरे शब्दों में, अरबी में प्रत्येक अक्षर एक संख्या को दर्शाता है और संख्या 786 अरबी में बिस्मिल्लाह अल रहमान अल रहीम का संख्यात्मक मान [अबजद] है।

हम देखते हैं कि जाने - अनजाने में हम सभी सर्वशक्तिमान एक ही परम शक्ति को स्वीकार करते हैं और उसका सम्मान करते हैं। एक ईश्वर दुनिया के सभी पंथों के लिए अलग-अलग नामों और प्रतीकों के साथ है। भिन्न - भिन्न भाषाओं, भिन्न - भिन्न देशों और भिन्न - भिन्न सभ्यताओं के कारण एक ही ईश्वर को भिन्न - भिन्न नामों से पुकारा जाता है। ईश्वर शाश्वत है। सभी मज़हब और पंथ एक ही संदेश देते हैं प्रेम, शांति, मानवता और अच्छाई का। कुछ स्वार्थी लोग के कारण विभिन्न संप्रदायों के बीच एक बड़ी दीवार और खाई पैदा की गई है। धर्म, जाति, पंथ, लिंग या नस्ल अलग अलग होने के बावजूद हम सब केवल मानवता के मार्ग का पालन करना है जो सभी के लिए सम्मान और मानवता का प्रतिक है। अगर हम दूसरे इंसान या धर्म या पंथ को नीचा दिखाएंगे तो अल्लाह हम से नाराज़ होंगे और हम से अपना आशीर्वाद वापस ले लेंगे। क्योंकि सभी मनुष्य को अल्लाह ने ही बनाया है। अल्लाह के मखलूक को बुरा बोलने वाले हम कौन होते हैं। **आज के परिवेशों में अगर हम सच्चे इंसान बन जाएं तो हमें दिवाली में अली और वाली नज़र आयेगा**, रमज़ान में राम, मैर्री में हरी नज़र आयेंगे, संथाली में सनातन और संत, गुरुग्रंथ में गुरु दिखाई देंगे। अब सभी को खास कर के मुसलमानों को अपनी सीमित मानसिकता संकृणीय सोच से बाहर आना पड़ेगा। हम सब मुसलमानों को कोशिश करना चाहिये कि विचारों के कुएं से बाहर निकल कर दिखाने की, कि यह दुनिया कितनी बड़ी है और क्या क्या इस दुनिया में है? अल्लाह ने इस दुनिया को कितनी अच्छी तरह से बनाया है। यह दुनिया ईश्वर का एक बगीचा है और हम सब इंसान बगीचे

का फूल हैं। बगीचा तभी अच्छा लगेगा जब तरह - तरह के फूल बगीचे में खिलेंगे और तरह - तरह के खुशबू देंगे। जैसे हम सब इंसान अपने फ़ायदा के लिये किसी भी अच्छी चीज को अपना लेते हैं वैसे ही हम सब को कोशिश करनी चाहिए कि सभी मनुष्य को अपना माने, अनेकता में एकता देखें, सभी मजहबों और पंथों में अल्लाह तक पहुँचने का रास्ता को खोज़ सके और अच्छाई को अपनाये।अपने पूर्वजों का आदर करना हमारी फ़र्ज़ है। अगर अनजाने में किसी का अनादर करते हैं, तो इसका मतलब हम अपने पूर्वजों का अनादर कर रहें हैं।

अध्याय - 7

तुलसी / रेहान

अरबी शब्द "रेहान" को संस्कृत में "तुलसी" के नाम से जाना जाता है। जिस का अर्थ अतुलनीय या अद्वितीय होता है, जो इस पौधा का पवित्र महत्व को दर्शाता है।

सनातन धर्म में लोग "तुलसी" के पौधे की पूजा करता है। इस्लाम के पवित्र ग्रंथ "कुरान" के सूरह अर रहमान (55:12) और सूरह अल वाकिया (56:89) में तुलसी को 'रेहान' के शब्द से ज़िक्र किया गया है। पवित्र ग्रंथ कुरान में इसका उल्लेख लोग के लिए धरती पर लाए गए "जन्नति झाड़ (स्वर्ग की पौधा)" के रूप में किया गया है।

पौधों के प्रजातियों को सुगंधित, औषधीय और एपोट्रोपिक के रूप में किया गया है।

पौधों के प्रजातियों को सुगंधित, औषधीय और एपोट्रोपिक के रूप में जाना जाता है। इन चार सुगंधित पौधों (रोसमारिनस ऑफिसिनैलिस, मायर्टस कम्युनिस, ओसीमम बेसिलिकम और साल्विया फ्रुटिकोसा) four aromatic plants (Rosmarinus officinalis, Myrtus communis, Ocimum basilicum, and Salvia fruticosa) का उपयोग सभी एकेश्वरवादी धर्मों monotheistic religions के संस्कार में पाया जाता है। यह बुरी नजर, बुरी आत्माओं, शैतान आदि के निष्कासन से संबंधित है। मानव जीवन चक्र में इन महत्वपूर्ण चरणों में इन रीति-रिवाजों की प्राचीन संस्कृतियों में गहरी जड़ें है। 3

मर्टल, बेसिल, रोज़मेरी और थ्री-लोबेड सेज ऐज़ रिचुअल प्लांट्स इन द मोनोथेस्टिक रिलिजन्स: एन हिस्टोरिकल-एथनोबोटैनिकल कम्पेरिजन बाय एएमओटीएस डैफनी। Myrtle, Basil, Rosemary, and Three lobed Sage as Ritual Plants in the Monotheistic Religions: an Historical–Ethnobotanical Comparison by AMOTS DAFNI. 4

हदीश अनेक है उनमें से कुछ को तो माना भी जा सकता है और कुछ को नहीं भी माना जा सकता है। परन्तु कोई मुसलमान कुरान को कैसे नकार सकता हैं? कुरान में "तुलसी" का ज़िक्र है। ऐसा प्रतीत होता है कि मुसलमान से ज्यादा आज कुरान का सम्मान सनातनी कर रहें हैं। जाने - अनजाने में यह एक अलग चर्चा का विषय है। अफ़सोस की बात यह है कि आज कल मुसलमान सिर्फ नाम के लिए कुरान पढ़ रहें हैं। ना तो इसे समझ रहें हैं और ना ही खुद को बेहतर बनाने की कोशिश कर रहें हैं।

सही तालीम की कमी की वजह से अधिकांश मुसलमान "रेहान" यानी की "तुलसी" का अपमान करते हुए कहते हैं, कि यह हिंदू का है और हमें कुछ लेना देना नहीं है। यह कुरान के खिलाफ है क्योंकि अल्लाह ने अपनी पुस्तक कुरान में तुलसी

को एक स्वर्गीय वृक्ष के रूप में वर्णित किया है। तुलसी को अन्य पंथों के लोग की तुलना में मुसलमानों द्वारा अधिक सम्मान दिया जाना चाहिए क्योंकि कुरान में इस पौधे का ज़िक्र है और बहुत मुफीद बताया गया है।

रेहान से कई लाभ मिलते हैं। इस में पाये जातें हैं एंटी एजिंग anti-ageing गुण, एंटी ऑक्सीडेंट Anti-oxidant, एंटीमाइक्रोबियल Anti-microbial, कालिख और शामक गुण, यह तंत्रिक तंत्र को भी शांत करता है। यह प्रतिरक्षा immunity का छमता को बढ़ाता है और संक्रमण को ठीक करने में मदद करता है। यह रक्तचाप को नियंत्रित करने में बहुत उपयोगी है। इसका असीमित लाभ मिलाता है।

पवित्र कुरान में स्वर्गीय वृक्ष के रूप में वर्णित "रेहान" में कई महत्वपूर्ण लाभकारी चीजें हैं, जैसे कि विटामिन Vitamin के K, सी C, ए A, ई E, बी 1 B1, बी 2 B2, बी 3 B3, बी 6 B6, फोलिक एसिड Folic Acid, पोटेशियम Potassium, लोहा Iron, कैल्शियम Calcium, फास्फोरस Phosphorus, मैग्नीशियम Magnesium, जस्ता Jasta, प्रोटीन Protien, कार्बोहाइड्रेट Carbohydrate, फाइबर Fibre, तांबा Zinc, कैरोटीन Carotien, ल्यूटिन luitien, क्रिप्टोएक्सैंथिन आदि। इसके बहुत सारे वैज्ञानिक लाभ भी हैं और यह सिद्ध है। 5

पैगंबर मोहम्मद साहब pbuh के अनुसार "यदि कोई मुसलमान एक पेड़ लगाता है या बीज बोता है, और वो बड़ा वृक्ष बन जाता है। फिर कोई पक्षी, या कोई व्यक्ति या जानवर उसमें से खाता है या वृक्ष के निचे आराम करता है, तो यह उसके लिए एक धर्मार्थ कार्य (सदक़ा) माना जाता है।"

आज समय की आवश्यकता है पृथ्वी गृह पर पर्यावरण के बढ़ते खतरे के समाधान खोजने की। संबंधित कुरान की आयतों पर नए सिरे से विचार करने की सख्त जरूरत है। हमारी आस्था परंपराओं के ज्ञान का पता लगाने और पर्यावरण के साथ पूर्ण सद्भाव में रहने का तरीके खोजने के लिए अन्य संदर्भों पर फिर से विचार करना भी महत्वपूर्ण है। 6

पैगंबर साहब pbuh पेड़ लगाने के इच्छुक रहते थें। उन्होंने अपने साथियों को भी ऐसा करने के लिए प्रेरित किया। उन्होंने कहा, "जो कोई पेड़ लगाता है और उसकी देखभाल करता है,वो एक इबादत करने के बराबर है "(स्रोत: मुसनद)।

यह ईश्वर को प्रसन्न करने और वर्तमान दुनिया में स्वर्ग का अहसास करने का तरीका है। साथ ही साथ स्वर्ग में आसान प्रवेश सुनिश्चित करने के लिए सच्चा जिहाद भी है, ना कि सिर्फ परलोक की बात करने के लिए। इस प्रकार, हम अनन्त स्वर्ग पर मौका से पहले स्वर्ग के आनंद का स्वाद इस पृथ्वी में ले सकते हैं। 7, 8

पैगंबर मोहम्मद (सल्लल्लाहु अलैहि वसल्लम) हमें पर्यावरण और प्रकृति से प्रेम करने के लिए सिखाया है। इसलिए हर मुसलमान पर सुन्नत है कि ज्यादा से ज्यादा पेड़ लगाएं। परन्तु आजकल मुसलमान उस पर अमल नहीं करते जो पैगंबर मोहम्मद सल्लल्लाहु अलैहि वसल्लम ने कहा। मुसलमानों को कुछ लोग ने भटकाकर रखा है, जो चाहते हैं कि केवल उन्हें अत्यधिक महत्व दिया जाए। झूठे लोग वही हैं जो कुरान से दूर हो गए हैं। वे लोग कुरान तो पढ़ते हैं, परन्तु न खुद समझते हैं और न ही दूसरों को समझाते हैं। ऐसे लोग

समाज के लिए बेहद खतरनाक है क्योंकि वे लोग इस्लाम और पैगंबर साहब के उपदेशों को मानते नहीं हैं परन्तु दिखावा अधिक करतें हैं।

इस्लाम हमें सद्भाव, प्रेम, शांति, मानवता सिखाता है। इस्लाम हमें ज्यादा से ज्यादा पेड़ लगाने सिखाता है, ताकि धरती को हरा भरा बनाया जा सके। इस्लाम दुनिया की पारिस्थितिक को बनाए रखना सिखाता है। यह हमें ग्लोबल वार्मिंग (global warming) के खिलाफ जिहाद करना सिखाता है। परन्तु आज मुसलमान मूल इस्लाम का पालन नहीं कर रहें हैं। आधी अधूरी जानकारी और संकृणीय शिक्षा प्रणाली के कारण मुसलमानों की सोचने और समझने की ताकत बदल गई है। आज हम सब मुसलमान कुएं के मेंढक की तरह हो गए हैं, जो आकाश को तो देख सकते हैं, किन्तु धरती को नहीं देख सकते हैं। परन्तु जब मेंढक कुएं से बाहर आता है और धरती और आसपास के चीजों को देखता है, तो उसे पता चलता है कि दुनिया कितनी बड़ी है और दुनिया में क्या क्या है। अल्लाह ने तरह - तरह के अलग - अलग प्राणियों को बनाया है। अब समय आ गया है कि मुसलमानों को अपने सिमित छेत्र से बाहर आ कर सोचना होगा और अल्लाह के सभी मख्लूकों को जानना और पहचानना होगा तभी हम सब मुसलमान बन पायेंगे।

मुसलमानों को संकीर्ण मानसिकता narrow mind set/ limited mindset से बाहर आने का प्रयास करना होगा। मूल इस्लामी किताब कुरान के अनुसार मुसलमानों की अवधारणा को बदलने की जरूरत है। मुसलमानों की वर्तमान अवधारणा

मनगढ़त कहानियों के अनुसार बनाई गई है। हदीस एक मानव - लिखित किताब है। इस्लाम ईमान IMAN के अलावा और कुछ नहीं है, ईमान मतलब अल्लाह पे विश्वास रखना और सच्चा इंसान बनना यानी सिर्फ इंसानियत वाली काम करना और हर चीज़ में ईमानदारी देखना और दिखाना। इस्लाम मूलतः शांति का मज़हब है। हमें अपनी मज़हब पर गर्व करना चाहिए परन्तु दूसरे के धर्म और पंथ की भी इज्जत करनी चाहिए। क्योंकि सभी मज़हब और पंथ का सार एक ही है, वो है शांति और सौहार्दपूर्ण तरीके से रहने का। इस्लाम इतना कमजोर नहीं है कि समकालीन शिक्षा मुसलमानों को नुकसान पहुँचा पाए। समकालीन शिक्षा इस्लाम से ही निकली है, इसलिए मदरसा में कुरान की सही तालीम के साथ साथ समकालीन शिक्षा प्रणाली को प्रस्तावित किया जाना चाहिये। अधिक से अधिक पेड़ लगाने से हम अपनी पृथ्वी को ग्लोबल वार्मिंग Global warming से बचाएंगे और सभी को भोजन, ऑक्सीजन और बहुत सी चीजें मिलेंगी। समकालीन शिक्षा और कुरान से ही निकला है। आज समकालीन पश्चिमी देशों में माना जाता है। बात सही है, परन्तु Western countries कब समकालीन शिक्षा शुरू किए थे? अनुसंधान और गहरी चिंतन से पता चलता है कि जब १२५८ में हलाकू खान ने बैत अल हिकमा को नष्ट कर दिया था तब जितने भी ज्ञानी व्यक्ति थें उनको भी मार दिया गया था परन्तु कुछ ज्ञानी लोग भाग्दाद से पश्चिम के तरफ भाग निकले थें और पच्छिम देश western country के तरफ चले गए थें और वहीँ बस गए। वे और उनके औलाद और शिष्य सब धीरे-धीरे अनुसंधान करते रहें और तरक्की करते गए। उस समय मज़हब की कट्टरता नहीं

थी। ज्ञानी लोग धर्म और मज़हब की परवाह किये बिना तरक्की के रास्ता पर चलते गए। ज्ञानी लोग इंसानियत वाले काम करते गए जो धर्म और पंथ का मूल सार था। तभी पश्चिमी मुल्क आज के दिन बहुत विकसित नजर आता है।

हम सभी देखते हैं कि सनातनी लोग पीपल के पेड़ की पूजा करते हैं, क्योंकि पीपल का पेड़ ऐसा पेड़ है जो पूरे 24 घंटे x 7 days अपने पूरे जीवन में ऑक्सीजन देती है। यह न केवल ऑक्सीजन का उत्सर्जन करता है, बल्कि इसके कई महत्वपूर्ण औषधीय लाभ भी है। पीपल के विभिन्न भागों जैसे जड़ की छाल, तने की छाल, जड़, पत्ते और फलों का उपयोग उच्च रक्त शर्करा के स्तर, कब्ज और अस्थमा जैसी स्थितियों के प्रबंधन के लिए किया जाता है। पूजा उच्च सम्मान देने की प्रक्रिया है।

अब मुसलमानों को दृढ़ता से प्रयास करके ईदगाहों, मस्जिद और मदरसाओं और जहाँ उपयुक्त ज़गह मिले सभी परिसरों और हर संभव जगह पर अधिक से अधिक पेड़ लगाना चाहिये। विशेष रूप से जन्नत के पेड़ रेहान यानी तुलसी को ज्यादा से ज्यादा लगाना चाहिए । पैगंबर मोहम्मद pbuh की फरमान को पूरा करना चाहिए । जो स्वचालित रूप से सभी के लिए अच्छा होगा। हम भारत के लोग भाग्यशाली हैं की हमारी जलवायु सभी प्रकार के वृक्षों के विकास का समर्थन करती है।

इस्लाम मानवता के उत्थान के हर प्रयास करने के बारे में बोलती है। पर्यावरण पर जोर देती है। पैगंबर मोहम्मद pbuh ने पर्यावरण के बारे में निम्नलिखित बातों का उपदेश दिया है।

पैगंबर मोहम्मद pbuh स्पष्ट रूप से लोग को कम सामग्री पर जीने के लिए प्रेरित किया, जानवरों और पौधों के जीवन की रक्षा करने के लिए और सृष्टि के प्रति दयालु होकर निर्माता की पूजा करने के लिए सिखाया। पैगंबर मोहम्मद pbuh की सलाह के बारे में भी विशिष्ट बात यह है कि मृत्यु के बाद के जीवन में नैतिक प्रथाओं और शाश्वत प्रभावों के बीच संबंध है, जो मुसलमानों के लिए पृथ्वी और उसके संसाधनों की देखभाल के लिए अधिक प्रोत्साहन का प्रतिनिधित्व करता है।

एक प्रासंगिक पर्यावरणीय 'आंदोलन' के रूप में इस्लामी आस्था निम्नलिखित है

आस्तिक एक बढ़ते पेड़ के समान होता है

एक पेड़ लगाओ, भले ही वह तुम्हारा आखिरी काम हो

वृक्षारोपण का अक्षय पुरस्कार

संसाधनों का संरक्षण

पर्यावरण स्वच्छता

सड़कों की सफाई का महत्व

"सड़क से हानिकारक चीजों को हटाना दान (सदका) का कार्य है।"

इस्लाम सस्टेनेबल लिविंग sustainable living पर जोर देता है

अब्दुल्ला इब्न अब्बास ने बताया कि पैगंबर मोहम्मद साहब ने कहा, "आस्तिक वह नहीं है जो अपना पड़ोसी भूखा

होने पर भरपेट खाता है।" अल-अल्बानी द्वारा प्रमाणित **"The believer is not he who eats his fill while His neighbour is hungry.**

रोज थोड़ा कम खाएं Eat a little less every day

अपशिष्ट न्यूनीकरण Waste minimization

जानवरों की देखभाल Caring for animals

सुन्नत है, किसी जानवर को गोद लेना, अपने वुज़ू के पानी का दोबारा इस्तेमाल करना, कम खाना और सामान्य जीवन जीना। 9

यानी इस्लाम हमें हर लिहाज़ से, हर कार्य में उपयोगी बनना सिखाता है। तभी इस्लाम को शांति वाला मज़हब बोला जाता था। हम सब इंसानों को उपयोगी बनना चाहिए, उपभोगी तो जानवर होते हैं।

हदीसों के कथनों से ही पता चलता है कि पैगंबर मोहम्मद साहब pbuh ने 1400 साल पहले जो कुछ भी कहा था, वह समकालीन शिक्षा का हिस्सा बना हुआ है। लेकिन क्या हम मुसलमान पैगंबर मोहम्मद साहब pbuh की इन शिक्षाओं का पालन करते हैं? कुछ लोग ने मुसलमानों के अंदर यह डाल दिया है कि सरकार मुसलमानों की परवाह नहीं करता है। लेकिन यह कुछ लोग का गलत प्रचार है, यह राजनीति से प्रेरित है। सरकारें तो आते जाती रहती है। यहाँ मैं कहना चाहता हूँ कि हो सकता है आजकल मुसलमानों की पीड़ा के कारण कुछ लोग यह बात कह रहे हों। यहाँ मैं कहना चाहता हूँ कि दुख और पीड़ा अपने कर्मों के कारण होते हैं। इंसानियत के खिलाफ जाने वालों को उसके कर्म ही दुख और

कष्ट देते हैं। इसलिए दोषारोपण का खेल खेलने के बजाय अपने अंदर झांकें और सुधरने की कोशिश करें और सच्चे मुसलमान बनें। अगर मुसलमान सच्चे मुसलमान बनेंगे तो अपने आप देश भक्त बन जाएँगे और विकास करना शुरू कर देंगे। प्रेम और शांति की जीत होगी और भारत का और सबका विकास होगा। उपयोगी व्यक्ति के पीछे सारा संसार दौरता है और लोग उनको अपना आदर्श बना लेते हैं। उपभोगी व्यक्ति के साथ कोई नहीं रहना पसंद करता है।

ग्लोबल वार्मिंग से बचने के लिए पूरी दुनिया इतना खर्च कर रही है और सभी पेड़ लगाने पर जोर दे रहें हैं। जो पैगंबर मोहम्मद साहब pbuh ने हमें 1400 साल पहले बताया था, लेकिन हम पैगंबर साहब की शिक्षा का पालन करने के बजाय उनके खिलाफ जा रहें हैं। हम सब एक सच्चे मुसलमान बने और वृक्षारोपण को बढ़ावा दें और पृथ्वी को हरा-भरा बनाएं और सभी मनुष्यों, पौधों और जानवरों का सम्मान करें। इस्लाम शब्द का अर्थ ही है "शांति"। इस्लाम समृद्धि और आगे बढ़ने की शिक्षा देता रहा है। अब समय आ गया है कि इंसानियत का परचम बुलंद करें और सही तरीके से मुसलमान बने। सबसे मोहब्बत करें और इंसानियत का पैगाम दें। सच्चा मुसलमान बन जाएँगे तो अल्लाह हम सबसे खुश हो जाएँगे और अल्लाह अपना रहम-ए-करम फिर से दे देंगे।

हर पर्व और त्यौहार के दिन सरकार हमें छुट्टी देती है। धार्मिक कार्य और मज़हबी कार्य और रीति रिवाज़ कुछ मिनटों (लम्हा) या कुछ घंटों में पूरा कर लेते हैं और त्यौहार माना लेते हैं। फिर हम सब फ्री हो जातें हैं। उस छुट्टी के दिन और फ्री वक्त में हम सब मौसम और छेत्र के अनुसार कुछ वृक्ष अपने

घर या गाँव या अपने शहर में लगा सकते हैं। ये परंपरा बना लें और इसको अपनी संस्कृति में शामिल कर लें तो हम सब योगदान कर्ता बन जाएँगे। हर धर्म, मज़हब और पंथ का व्यक्ति ये कर सकते हैं। शहर में ज़गह की कमी है, तो सरकार शहर से दूर सरकारी ज़मीन दे सकती है, जिस में कोई भी लोग जा कर वृक्ष लगा सकते हैं। इस तरह के कार्यों को परंपरा बनाकर हर धर्म, मज़हब और पंथ में प्रोत्साहन दिया जाना चाहिए। ये चीज़ें हमारे पैगंबर मोहम्मद साहब ने इस्लाम में बताए थें। परन्तु दुर्भाग्य से हम सब इस्लाम से दूर हो गए हैं और सिर्फ नाम के लिए मुसलमान रह गए हैं। असली इस्लामी शिक्षा वही है जो मानव की भलाई के लिए है। चलो हम सब ये अहद करें, संकल्प ले कि हर छुट्टी वाली त्योहार में वृक्ष लगा कर अपने आने वाली नस्लों के लिये एक अच्छा संसार बना कर जाये।

मैं एक बात और कहना चाहूँगा आजकल हम सभी बड़े नेता या बड़े अभिनेता या बड़े आदमी से मिलने जाते हैं, तो हम सब एक अच्छा सा महंगा सा फूल का गुलदस्ता (flower bouquet) भेट देते हैं। मेरा मानना है कि फूल का गुलदस्ता के ज़गह हम सब क्यों न तुलसी का पौधा या कोई अच्छा पुस्तक भेट स्वरूप देने की परंपरा शुरू करें। ये परंपरा धीरे धीरे हमारी संस्कृति बन सकती है। इस संस्कृति से फूल अपनी खुशबू पर्यावरण में बिखेरेंगे और नए-नए वृक्ष लगाने से पर्यावरण में हरियाली रहेगी। एक-दूसरे का सम्मान बढ़ेगा। पुस्तक से लोग जागरूक होंगे और ज्ञानी बनेंगे । मेरा मानना है ऐसा करने से हम सब अपने अपने धर्म, पंथ और मज़हब के असली स्वरूप को दुनिया के सामने रख सकेंगे।

सन्दर्भः-

1. भूसी, और सुगन्धित पौधों के साथ अनाज। - डॉ. मुस्तफा खत्ताब, स्पष्ट कुरान और भूसी और सुगंधित पौधे वाले अनाज। सही इंटरनेशनल
2. https://quran.com/surah-al-waqiah
3. https://botanica.ugr.es/pages/publicaciones/separatas/2019_Econ_Bot/%21
4. पर्यावरण और विकासवादी जीवविज्ञान विभाग, विकास संस्थान, हाइफ़ा विश्वविद्यालय, हाइफ़ा, इज़राइल।
5. https://www.ecomena.org/green-ahadith/
6. गुलाम रसूल देहलवी, इस्लाम और पर्यावरण संरक्षण: एक ताजा परिप्रेक्ष्य। इकोइस्लाम पर्यावरण प्रकृति
7. https://www.ecomena.org/green-ahadith/
8. इकबाल ज़ौफिशन ग्रीन अहदीथ - पैगंबर मोहम्मद से पारिस्थितिक सलाह, संरक्षण, इकोइस्लाम पर्यावरण, सतत विकास।

अध्याय - 8

हुसैन और हुसैनी ब्राह्मण

पैगंबर मोहम्मद साहब की मृत्यु के बाद मुस्लिम समुदाय का मार्गदर्शन करने के लिए "खलीफा" को सर्वोच्च नेता के रूप में चुना गया था। पहले खलीफा हज़रत अबु बकर की बीमारी के कारण प्राकृतिक मृत्यु हुई थी। किन्तु दूसरे खलीफा हज़रत उमर की हत्या कर दी गई थी, फिर हजरत उस्मान उत्तराधिकारी बने। 656 में खलीफा उस्मान की भी हत्या कर दी गई। खलीफा उस्मान की मृत्यु के बाद हजरत अली को उत्तराधिकारी बनाया गया, फिर खलीफा हजरत अली की भी 661 ईस्वी में हत्या कर दी गई। इस्लाम में "रशीदुन युग" ये चार खलीफा को कहा गया है। इस को "सही मार्ग दर्शित" या "परफेक्ट" भी कहा जाता है। मुस्लिम समुदाय के पहले चार ख़लीफ़ा अबू बक्र (शासन काल 632-634), उमर (634-644), उस्मान (शासन काल 644-656) और हज़रत अली (शासन काल 656-661) हैं। इन चारों खलीफा के मृत्यु के बाद इस्लाम का दारोमदार जो खलीफा के हाथ में गया वो पैगंबर मोहम्मद साहब के इस्लाम के विपरीत काम करने लगे और जाने अनजाने में अरब के पुराने रीति

रिवाज़ को वापस ले कर आ गये, जो की गैर इस्लामी था। और समय के साथ धीरे - धीरे इस्लाम का स्वरूप बदलता चला गया।

उस्मान के चचेरे भाई के समर्थक और लेवात के गवर्नर मुवैया और खलीफा अली का समर्थन करने वालों के बीच युद्ध हुआ। गृह युद्ध स्थायी रूप से मुसलमानों को विभाजन की ओर ले गया था। शिया और सुन्नी मुसलमान, शिया मुसलमान हजरत अली को पैगंबर मोहम्मद साहब के बाद पहला खलीफा और इमाम मानते हैं। परन्तु यहाँ एक सवाल उत्पन्न होता है? पैगंबर मोहम्मद साहब सन ६३२ में इस दुनिया से जाने के बाद से हजरत अली के खलीफा बनने (सन ६५६) में तक लगभग 24 साल का समय होता है। 24 साल तक बिना खलीफा के इस्लाम आगे कैसे चला? खैर युद्ध मुवैया के गुट ने जीत लिया था, जिन्होंने हजरत अली की हत्या के बाद 661 ईस्वी में उमय्यद खिलाफत की स्थापना किया।

यहाँ सवाल उठता है कि 4 खलीफाओं में से 3 की हत्या कर दी गई थी। सुबह की नमाज अदा करते हुए हज़रत अली की हत्या एक मुसलमान ने की थी। हजरत अली की मृत्यु के बाद उनके बड़े बेटे इमाम हसन को हजरत अली के अनुयायियों द्वारा नए खलीफा के रूप में चुना गया था। मगर उमय्यद खलीफा के पहले खलीफा मुवैय्या, जो खिलाफत के लिए हजरत अली से लड़ रहें थें, ने हसन को खलीफा होने का विरोध किया और खुद को खलीफा घोषित कर दिया। परन्तु लोग का विरोध देख कर मुवैया ने हसन को एक संधि पर हस्ताक्षर करने के लिए मजबूर किया, कि मुवैया की मृत्यु के

बाद हसन खलीफा बन जाएगा। लेकिन मुवैया चाहते थे कि उनका बेटा यजीद ही खलीफा बने। इसलिए मुवैया ने हसन की पत्नी को अपनी ओर कर लिया और हसन को जहर देने को कहा, प्रलोभन दिया था कि हसन के मृत्यु के बाद उसकी शादी यज़ीद से कर दी जाएगी और वो रानी बन जाएगी। इमाम हसन को जहर देकर मार देने के बाद उसकी पत्नी को भी यज़ीद ने मार डाला, यज़ीद ने कहा "जो अपने पति का नहीं हो सकी वो मेरा क्या होगी? मुवैया की मृत्यु के बाद यज़ीद अपने पिता की इच्छा के अनुसार खलीफा बन गया।

समस्या तब शुरू हुईं जब मुवैया ने अपने बेटे यज़ीद (680-683 CE) को अपना उत्तराधिकारी नियुक्त किया। अरबों में वंशवादी शासन की प्रथा नहीं चलती था, इसलिए यज़ीद को आक्रोश का सामना करना पड़ा।

हजरत अली के पुत्र और इमाम हसन के छोटे भाई इमाम हुसैन ने यज़ीद की निष्ठा (बया) की पेशकश को इनकार कर दिया। कूफ़ा के लोग ने यज़ीद का विरोध करने और नेतृत्व के पद को स्वीकार करने के लिए इमाम हुसैन से संपर्क किया, उनका मानना था कि उनका अधिकार है। उनके आह्वान के जवाब में इमाम हुसैन अपने अनुयायियों के एक छोटे समूह और अपने परिवार के सदस्यों के साथ मक्का से कूफ़ा के तरफ रवाना हुए। रास्ते में, उन्हें उमय्यदों द्वारा अपने कुछ करीबी समर्थकों की फांसी के बारे में पता चला तो उन्होंने अपने समूह के लोग से आग्रह किया कि वे स्वेच्छा से वापस जा सकते हैं, जो अपनी जान जोखिम में डालने को तैयार नहीं हैं। वह समूह के साथ कूफा के रास्ते में कर्बला नामक स्थान

पर रुकें। इस बीच लगभग चार हजार सदस्यों की यज़ीद के सेना की एक टुकड़ी घटनास्थल पर पहुँची। सभी को आदेश दिया गया कि यज़ीद को ख़लीफ़ा के रूप में स्वीकार कर ले, जिसके लिए इमाम हुसैन को कई चीजों का प्रलोभन भी दिया गया परन्तु इमाम हुसैन ने निष्ठा नहीं दी। नहीं मानने पर पानी के लिए नदी तक पहुँचने का रास्ता को बंद कर दिया गया।

निष्ठा ना देने पर कर्बला में इमाम हुसैन और उसके सभी लोग को यज़ीद के लोग द्वारा भोजन और पानी से वंचित कर दिया गया। कर्बला की लड़ाई दूसरे उमय्यद खलीफा यज़ीद की सेना और पैगंबर मोहम्मद साहब के नाती इमाम हुसैन इब्न अली के नेतृत्व में 72 लोग की एक छोटी सेना के बीच 10 अक्टूबर 680 AD (इस्लामी कैलेंडर के 61 हिजरी में 10 मुहर्रम) को खत्म हुई।

कर्बला की लड़ाई इस्लामिक महीने मोहर्रम के 10 वें दिन समाप्त हुई, जिसमें इमाम हुसैन कई रिश्तेदारों और साथियों के साथ मारे गए। उनके जीवित परिवार के सदस्यों को कैदी के रूप में लिया गया। कर्बला की लड़ाई ने मध्य पूर्व के लोग को झकझोर कर रख दिया। इमाम हुसैन की पीड़ा और मृत्यु संघर्ष, अन्याय और झूठ के खिलाफ न्याय और सच्चाई के संघर्ष बलिदान का प्रतीक बन गई।

10वें दिन इमाम हुसैन की शहादत के बाद, यज़ीद की सेना के कमांडर उमर इब्न साद के आदेश अनुसार शिमर ने इमाम हुसैन का सिर अपनी तलवार से काट कर अपनी तलवार की नोक पर उठा लिया। तम्बुओं, स्त्रियों और साथियों को बेरहमी से लूटा गया और बंधक बना लिया गया। उसके

परिवार को फिर कुफा ले जाया गया जहाँ तानाशाह यज़ीद के गवर्नर इब्न ज़ियाद रहता था। इमाम हुसैन के कटे हुए सिर को गवर्नर इब्न ज़ियाद के सामने पेश किया गया, जिन्होंने तब इमाम हुसैन के सिर का बेरहमी से अपमान किया। पैगंबर मोहम्मद साहब के एक साथी ज़ैद बिन अल-अरक़म वहाँ मौजूद थे और उन्होंने इस भयानक और आपत्तिजनक प्रदर्शन पर आपत्ति जताई थी।

तत्कालीन गवर्नर इब्न ज़ियाद के आदेश अनुसार इमाम हुसैन के सर और शहीदों के सर को लंबे भाले के ऊपर रखा और कूफ़ा की सड़कों और गालीयों में चारों ओर घुमाया गया। इब्न ज़ियाद कर्बला के सभी बंदियों के साथ सीरिया में यज़ीद के सामने हुसैन का सिर ले गया। इमाम हुसैन का सिर, जो अभी भी भाले पर था, और अन्य सभी सिर जो थालियों पर थे, यज़ीद के सामने लाए गए। जब इमाम हुसैन की बेटियों ने अपने पिता का सिर देखा तो वे चीख-चीख कर रोने लगीं। 2

इमाम हुसैन की मृत्यु के बाद, यज़ीद को अब्दुल्ला इब्न अल-जुबैर से अपने शासन में विरोध का सामना करना पड़ा। इब्न अल-जुबैर ने मक्का में गुप्त रूप से हुसैन के समर्थकों की भर्ती शुरू कर दी, जबकि खुले तौर पर एक नए खलीफा का चुनाव करने के लिए आह्वान किया। यज़ीद एक कठोर और अत्याचारी राजा था। यज़ीद ने सेना के साथ मदीना में प्रवेश किया और हर्रा की लड़ाई में यज़ीद की सेना ने कई लोग को मार डाला और यहाँ तक कि पैगंबर मोहम्मद pbuh के साथियों का अपमान भी किया। मदीना की गली मुसलमानों के खून से भर गई थी। सितंबर 683 में यज़ीद ने मक्का शहर को

घेर लिया और शहर पर गुलेल से बमबारी की, जिस से पवित्र काबा में भी आग पकड़ ली थी। अंत में यज़ीद की 11 नवंबर 683 को मृत्यु हो गई। अत्यधिक शराब पीने के कारण वो लकवा ग्रस्त भी हो गया था। एक समकालीन कवि इब्न अरदा, यज़ीद के छंदों के अनुसार अपने बिस्तर पर शराब के प्याले के साथ उसकी मृत्यु हो गई थी। 3, 4

इससे पता चलता है कि मुसलमानों ने ही पैगंबर मोहम्मद (pbuh) के नाती को मारा था। वो भी उस वक्त के खलीफा। इस्लाम की स्थापना के बाद काबा में आग लगाने वाले भी मुसलमान ही थे। वो भी खलीफा।

परन्तु दूर पूर्वी देश में कुछ ऐसे भी थे जो पैगंबर मोहम्मद सल्लल्लाहु अलैहि व सल्लम के नाती और अपने रिश्तेदार को बचाना चाहते थे। वो थें हिन्दस्तानी, भारतीय उप महाद्वीप के ब्राह्मण। "हुसैनी ब्राह्मण"

वे सिंधी ब्राह्मण थे, जिन्होंने यज़ीद की सेना के खिलाफ लड़ने के लिए अपनी सेना भेजी थी। उनके रिश्ते में भांजे हुसैन ने पत्र लिखा कर मदद माँगा था। हुसैनी ब्राह्मण ज्यादातर सिंध और लाहौर क्षेत्रों के निवासी थे। विभाजन के बाद वे भारत में स्थानांतरित हो गए और पुणे, दिल्ली, इलाहाबाद और पुष्कर जैसे जगहों पर बस गए। आज के हुसैनी ब्राह्मण राहिब दत्त के वंशज माने जाते हैं। राहिब दत्त ने अपने बेटों के साथ मिलकर कर्बला में इमाम हुसैन का साथ दिया था। कई अलग - अलग रवायत हैं रहिब दत्त के बारे में।

इतिहास से हम पाते हैं कि दत्त कबीले के एक मोहयाल ने इमाम हुसैन के लिए कर्बला की लड़ाई (680 सीई) में लडे थें।

कुफा के क्षेत्र में इस प्रक्रिया में अपने सात पुत्रों का बलिदान दिया। किंवदंती के अनुसार, रहब सिद्ध दत्त (जिसे रहीब सिद्ध या सिद्ध वियोग दत्त के नाम से भी जाना जाता है) कर्बला की लड़ाई के समय बगदाद के पास रहने वाले भारतीय के एक छोटे समूह के नेता थे। जिस स्थान पर वे रुके थे उसे डयर-अल-हिंडिया के नाम से जाना जाता है, जिसका अर्थ है "द इंडियन क्वार्टर" The Indian Quarter, जो आज भी अस्तित्व में "अल- हिंदिया" के नाम से है।

राहब दत्त हुसैनी ब्राह्मण

पंजाब से रहब दत्त इराक गए थे और कपड़ा बेचने का व्यवसाय किया करते थे। वह कूफा के निकट "अल हिंदिया" नामक स्थान में रहते थे। अल हिंदिया एक ऐसी जगह थी, जहां भारत के ब्राह्मण लोग रहते थे और व्यापार करते थे। उस समय राहब का कोई पुत्र नहीं था। राहब ने पैगंबर मोहम्मद साहब (pbuh) के बारे में बहुत सुना था, इसलिए वह पैगंबर साहब से मिलने गया और पैगंबर साहब से कहा कि उनकी कोई संतान नहीं है। पैगंबर मोहम्मद साहब ने राहब को अपने नाती हुसैन से मिलने का निर्देश दिया। पैगंबर मोहम्मद साहब (pbuh) के निर्देश के अनुसार वह इमाम हुसैन से मिलते हैं और वह इमाम हुसैन से प्रभावित होतें हैं। राहब दत्त हुसैन से बैयत लेतें है। एक बार राहब दत्त ने हुसैन से कहा कि उनकी कोई संतान नहीं है और अल्लाह के आशीर्वाद से हुसैन ने प्रार्थना की और कहा कि राहब के 7 बच्चे होंगे और सभी पुत्र होंगे। समय बीतने के साथ राहब को 7 पुत्रों का आशीर्वाद प्राप्त हुआ। इमाम हुसैन पर राहब दत्त का विश्वास बढ़ गया।

उन ब्राह्मणों के बारे में यह एक कथा है कि दत्त ने इमाम हुसैन के लिए अपने सात पुत्रों की कुर्बानी दी थी। जब कर्बला के नरसंहार में इमाम हुसैन की मदद के लिए मुट्ठी भर मुसलमान साथ में थे। दत्त ने बहादुरी से साथ दिया और भाग लिया था। ब्रिटिश लेखक टी.पी.रसेल स्ट्रैसी ने सात बेटों के नाम साहूस राज, हरस राय, शेरखान, राम सिंह, राय पुन, धोरो और पूरो के रूप में दर्ज किए हैं। 5

यहाँ खास बात यह है कि यज़्देगर्ड 3 (624-651) खोसरो परवेज का पौत्र (570-628) अंतिम फ़ारसी सासानियन सम्राट की पत्नी महातलत थीं। वह सिंधी राय राजवंश (489-632) के राजपूत राजा की राजकुमारी बेटी थीं। उस राजकुमारी से यज़्देगेर्ड की तीन पुत्रियाँ थीं जिनका नाम मेहरबानों, शहरबानो और घयानबानो था। शहर बानो की शादी इमामा हुसैन से हुई थी। मेहरबानों उपनाम चंद्रलेखा की विवाह भारतीय राजा चंद्र गुप्त उज्जैन से हुआ था और घयानबानो की विवाह मोहम्मद बिन अबू-बकर सिद्दीक से हुआ था। 6, 7

राजा चंद्रगुप्त की पत्नी और इमाम हुसैन की पत्नी दोनों अपनी सगी बहनें थीं। जब यह स्पष्ट हो गया कि यज़ीद इमाम हुसैन का सफाया करने पर अड़ा हुआ है, तो इमाम हुसैन के बेटे अली इब्न हुसैन ने राजा चंद्र गुप्त (अली इब्न हुसैन के मौसा) को एक पत्र भेजकर यज़ीद के खिलाफ मदद माँगी। जब चंद्र गुप्त को पत्र मिला, तो उन्होंने इमाम हुसैन की सहायता के लिए भौर्य दत्त के कमान में अपनी सेना इराक भेज दी। सेना में अधिकतर ब्राह्मण थे। जब वे 11 अक्टूबर 680 ई. को पहुंचे तब तक इमाम अपने कुल के 72 सदस्यों के

साथ एक दिन पहले ही शहीद चुके थे। उन्होंने कूफ़ा के पास डेरा डाला और युवा लड़के और लड़कियों, बूढ़े पुरुषों और महिलाओं और इमाम हुसैन के मारे गए लोग की क्रूर हत्याओं को सुनकर शोक मनाया। कुछ सेनाएँ वापस लौट आईं और कुछ सेनाएँ अल हिंदिया नामक स्थान पर कूफा के पास रुक गईं। 7, 8.

एक रुबायत में कहा गया है कि जब यजीदी सेना इमाम हुसैन के सिर को लेकर कर्बला से दमिश्क ले जा रही थी। रात में यज़ीद की सेना कूफ़ा के पास राहब के घर में रुकी। जब राहब दत्त को इमाम हुसैन की शहादत के बारे में पता चला तो उन्होंने अपने 7 बेटों को इमाम हुसैन के बारे में बताया कि उनकी वजह से ही आप सभी ने जन्म लिया है। तो इमाम हुसैन का सिर को छुपा कर रख दिया। जब यज़ीद की सेना ने इमाम हुसैन का सर माँगा तो राहब दत ने एक एक कर के सभी 7 बेटों का सिर लाया। यज़ीदी सेनापति के सामने एक के बाद एक इमाम हुसैन के सिर के बदले राहब के सभी 7 बेटों के सिर को पेश किया। एक अन्य रुबायत में आया है कि सभी 7 बेटों ने जब सुना कि यज़ीदी सेना इमाम हुसैन की हत्या करने के लिए आ रही है, तो सभी 7 भाइयों को राहब दत्त ने यज़ीदी सेना को इमाम हुसैन के स्थान पर पहुँचने से रोकने के लिए भेजा था और यज़ीदी सेना से लड़ते हुए सभी 7 भाइयों की शहादत हो गयी थी। 8, 9

दूसरी तरफ आमीर मुख्तार कर्बला की लड़ाई से पहले कुफा उबैद उल्लाह इब्न ज़ियाद के गवर्नर द्वारा गिरफ्तार किए गए थे और मुख्तार को बहुत कठिनाई का सामना करना

पड़ा था। कर्बला युद्ध के बाद किसी तरह मुख्तार को जेल से रिहा कराया गया लेकिन उन्हें निर्वासन में भेज दिया गया था। जब मुख्तार निर्वासन से कूफा लौटे और इमाम हुसैन की शहादत का बदला लेने के लिए यज़ीदी सेना के साथ युद्ध किया, उस समय अल हिंदिया में रहने वाले ब्राह्मण लोग शामिल हो गए और मुख्तार की ओर से लड़े और इमाम हुसैन का बदला लिया। उस दल के नेता रहिब - दत्त, एक मोहियाल ब्राह्मण थे। सैनिकों की उस पंक्ति से हुसैनी ब्राह्मण निकले जिन के वंशज अभी भी मौजूद हैं। इमाम ज़ैन उल आबेदीन की पत्नियों में से एक सिंधी राजपूत से भी थी, वह इमाम ज़ैद शहीद की माँ थी। 12

पहले ज़माना में राजतंत्र में राजा लोग अपने राजकुमार या राजकुमारी के लिए किसी दूसरे राजा के खानदान में शादी करतें थें। वे लोग धर्म या पंथ या जात-पात नहीं देखते थे। उस समय पंथों में कट्टरता नहीं थी। उन दिनों धर्म को एक ही माना जाता था: वो था मानवता और ईमानदारी से काम करना। लोग जानते थें और मानते थें कि कुरीतियों को मिटाने के लिये और समाज को सुधरने के लिये पैगंबरों को ईश्वर ने भेजा था और उनके समर्थक ने नई पंथ की स्थापना करते थें। धर्म तो शाश्वत है और रहेगा।

उर्दू भाषा में एक कहावत हुसैनी ब्राह्मणों को इस प्रकार संदर्भित करती है: "वाह दत्त सुल्तान, हिंदू का धर्म, मुसलमानों का ईमान, आधा हिंदू आधा मुसलमान।

(ओह! दत्त राजा हिंदू के धर्म के साथ और मुस्लिम का ईमान आधा हिंदू, आधा मुस्लिम) 13, 14, 15.

यह एक कहावत है, लेकिन यहाँ ध्यान देने योग्य बात यह है, कि न तो आधा और न ही पूर्ण बल्कि यह सही मार्ग का अनुसरण है जो धर्म और उसके अनुयायियों को अच्छा या बुरा बनाता है।

यहाँ यह देखा जाना चाहिए कि धर्म सनातन से जुड़ा है और ईमान मुसलमानों से जुड़ा है। तो यह कहा जा सकता है कि सनातनी धर्म का बेहतर तरीके से पालन करते हैं। जबकि सच्चे मुसलमानों के बारे में सच ही कहा जाता है कि मुसलमानों का ईमान मजबूत होता है। ईमान का अर्थ है अल्लाह पर भरोसा करके हर इंसानियत वाली काम करना। अर्थात् किसी के अमानत में खयानत नहीं करना, दूसरों को तकलीफ नहीं देना, सिर्फ हलाल रिजक खाना। परन्तु उपरोक्त केवल सच्चे अनुयायियों के लिए ही सत्य है।

यह भी देखा जा सकता है, कि सनातन लोग को पैगंबर मोहम्मद साहब या इमाम हुसैन ने कभी भी धर्म या पंथ बदलने के लिए मजबूर नहीं किया था। इमाम हुसैन कि पत्नी की अपनी सगी बहन हिंदुस्तान के एक राज्य के राजा से शादी की थी, परन्तु धर्म के नाम पर कभी भी कुछ भी नहीं बोला। इस्लाम के शुरुआती दौर में बहुत लोग ने स्वेक्षा से इस्लाम पंथ स्वीकार किया था, क्योंकि उन्होंने मुसलमानों का सच्चा ईमान देखा था। इंसानियत देखी और ईमान यानी सच्चाई के लिए मुसलमान को जीते और मरते देखा था। इस्लाम की अच्छाई के चलते बहुत लोग ने इस्लाम कबूल किया था। ये वो ज़माना था, जब हदीस नहीं लिखा गया था। आजकल कुछ मुसलमान सिर्फ अपने फायदे के लिए इस्लाम शब्द का इस्तेमाल करते

हैं। विकृति इतनी बढ़ गया है, कि अब वक्त आ गया हैं, हम सब को सोचने का और अपने आप का आकलन करने का कि “हम कौन हैं?”। अभी के दौर में ना तो हम मुसलमान इस्लाम के प्रति सच्चे हैं और न ही हम मुसलमान अपने लोग के प्रति सच्चे हैं। यह दुनिया उदाहरणों से भरी पड़ी है। कुछ मुस्लिम नेता लोग तो सिर्फ और सिर्फ अपने कौम का इस्तेमाल करना जानते हैं। अगर कोई आम, अच्छा और समझदार मुसलमान आगे आ कर कुछ अच्छा करना चाहता है, तो मुसलमान लोग ही नहीं आने देना चाहता है। यह बहुत ही दुर्भाग्य की बात है। पता नहीं क्या हो गया है मुसलमानों को? मुसलमानों को खास कर भारत के मुसलमानों को, जो अपने कार्यों से दिन ब दिन इस्लाम को बदनाम करते जा रहें हैं।

इतिहास गवाह है सभ्यता की शुरुआत से ही भारतीयों का दुनिया में सभी के साथ बहुत अच्छे संबंध रहें हैं। नेक काम के लिए हम भारतीय हमेशा सब के साथ खड़े रहें हैं। हम सब के सामने अनेकों में से एक उदाहरण है कर्बला का युद्ध का, जिस में मुसलमान लोग ही इमाम हुसैन को मारते है, पर दूर देश से सनातनी लोग इमाम हुसैन को बचाने के लिए हिंदुस्तान से अरब की ज़मीन तक पहुँच जाते हैं। मतलब सच के लिए और सच्चाई का साथ देने के लिए भारत हमेशा तैयार रहता था, रहता है और हमेशा रहेगा। यहाँ देखा जाना चाहिए, कि एक मुस्लिम इमाम हुसैन की पत्नी और उज्जैन का एक हिंदू राजा चंद्र गुप्त की पत्नी अपनी सगी बहन थीं। फिर भी अगर किसी को हिंदूओं या मुसलमानों से नफरत है तो भी यह बहुत ही खेदजनक स्थिति है। हमें अपने देश और पूर्वजों का शुक्रगुजार होना चाहिए, जो किसी भी

दुष्ट भावना के बिना सच्चाई, सत्य के लिये नेक लोग के साथ हमेशा खड़े रहें। यही भारत देश की खूबसूरती है कि हम पूरी दुनिया में इंसानियत के लिए हमेशा हमेशा से खड़े रहें हैं, और अमन का पैगाम देते रहें हैं। हाँ एक बात यह भी है कि दुश्मन देश के द्वारा भारत को अशांत किया जाता रहा है, जिस के लिए हम सब भारतीय जिम्मेवार हैं। अब हम सभी भारतीयों को गहराई से सोचना है कि "हम कौन हैं?" आकलन करना है, समझना है और समाधान निकल कर पुरे विश्व में शांति स्थापित करना है।

संदर्भ:-

1. https://www.iis.ac.uk/imam-husayn-ibn-ali
2. https://theindiaobserver.com/aftermath-of-the-battle-of-karbala/
3. https://हुसैनीब्राह्मण.tumblr.com/brahminsinkarbala
4. https://www.worldhistory.org/Yazdegerd_III/
5. https://www.dawn.com/news/766877/karbala-and-how-lahore-was-involved
6. https://defence.pk/pdf/threads/indian-involvement-in-battle-of-karbala.300405/
7. हुसैनी ब्राह्मण - इमाम हुसैन (अ.स.) और राहीब दत्त आफरीन अब्बास द्वारा आज़ादी, मेरे विचार,
8. http://mohyalwarriors.blogspot.com/2011/03/dattdattadutta.html

9. https://islamlaws.wordpress.com/tag/karbala/
10. मुहियालों का इतिहास: भारत का ब्राह्मण वंश, टी.पी. रसेल स्ट्रैसी

हम लोग "धरती आबा फाउंडेशन" नाम से एक एन जी ओ (NGO) चला रहें हैं। हम बच्चों को अच्छी शिक्षा प्रदान करना चाहते हैं, ताकि लोग गुणवत्तापूर्ण कार्यों के साथ आत्मनिर्भर बने। विभिन्न कार्यक्रमों को बढ़ावा देने के लिए हमें आप सभी के समर्थन की आवश्यकता है। आप सभी से अनुरोध करता हूँ कि हमारे एन जी ओ में सहयोग दें और सुधार में सहभागी बने। हमारा बैंक विवरण इस प्रकार है:-

Account name :- DHARTI AABA FOUNDATION

Account Number :- 496310110013359

IFSC :- BKID0004963

Bank :- Bank of India

Branch :- Lalpur Circular Road, Ranchi.

हमारा मुख्य उद्देश्य है लोग को 'उपयोगी' बनाना, न कि 'उपभोगी'। आप सभी से आग्रह है कि हमारी संस्था को मदद करें।

www.ingramcontent.com/pod-product-compliance
Lightning Source LLC
LaVergne TN
LVHW090410210926
848480LV00002B/520